未来笔记

激发创意的笔记术

[日] 小西利行 ——著

佟凡 ——译

中国科学技术出版社

·北 京·

北京市版权局著作权合同登记　图字：01-2022-2009。

图书在版编目（CIP）数据

　未来笔记：激发创意的笔记术 /（日）小西利行著；
佟凡译 . — 北京：中国科学技术出版社，2022.11
　ISBN 978-7-5046-9794-3

　Ⅰ . ①未… Ⅱ . ①小… ②佟… Ⅲ . ①工作方法
Ⅳ . ① B026

中国版本图书馆 CIP 数据核字（2022）第 160668 号

策划编辑	杨汝娜
责任编辑	孙倩倩
版式设计	蚂蚁设计
封面设计	仙境设计
责任校对	邓雪梅
责任印制	李晓霖

出　　版	中国科学技术出版社
发　　行	中国科学技术出版社有限公司发行部
地　　址	北京市海淀区中关村南大街 16 号
邮　　编	100081
发行电话	010-62173865
传　　真	010-62173081
网　　址	http://www.cspbooks.com.cn

开　　本	880mm×1230mm　1/32
字　　数	122 千字
印　　张	6.5
版　　次	2022 年 11 月第 1 版
印　　次	2022 年 11 月第 1 次印刷
印　　刷	北京盛通印刷股份有限公司
书　　号	ISBN 978-7-5046-9794-3/B·107
定　　价	59.00 元

前言

改变做笔记的方法，人生将变得更加积极，你也一定会发生改变。

"虽然做了笔记，可是几乎没有重新看过。"

"做笔记是新人才做的工作，我已经不是新人了，做笔记多不好意思。"

"比起做笔记，应该更积极地发言。"

一提到做笔记，我听到的几乎都是类似的回答。尽管做笔记是工作和生活中常见的景象，可现实情况是，我们几乎不会觉得笔记派上过用场。所以，平时既不会意识到要做笔记，也不会想

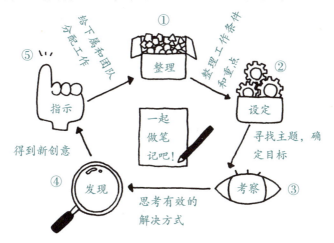

到做笔记有积极的效果。但实际上，要想做好工作，有五个关键点，而做笔记与这五个关键点息息相关。这五个关键点分别是：整理、设定、考察、发现、指示。

那么，如果这五个关键点变得更加轻松、更加有趣，而且更有效果的话，会出现什么样的情况呢？

请你想象正在工作的情景。你一定能想到在本子上记录会议信息，在白板上写会议内容，整理会议资料，制作策划书的草稿，思考新产品的各种宣传创意之类的情景吧。

我想大部分人在实际工作中，都会记下这些工作中的要点。做笔记不仅是记录信息，还与工作中的重要行为密切相关，比如整理思路、思考创意、草拟资料……正因为如此，如果掌握了效率更高、效果更好的笔记法，工作的速度和质量就能得到提高，工作也会变得更有趣。

其实，我在广告代理公司工作时，曾体验过这种变化。广告代理公司是处理信息的专业机构，而且因为需要同时处理多个项目，所以会同时接触大量信息。但是在我刚开始工作的几年里，在处理信息方面，比起前辈和与我同期进入公司的人，就连后入职的新人都比我效率高。不过，自从我改变了做笔记的方法后，能够处理的工作量就大幅增加，工作的质量也提高了。当然，公司对我的评价也越来越高，最终，我得以独自创立公司，收入也增加了。这一切的契机正缘于笔记。实际上，可以说正是笔记塑造了现在的我。

刚毕业时，我在一家广告代理公司负责文案撰稿。尽管我当时拼命努力想要做好第一份工作，然而现实是，哪怕在新人中，我也是格外差劲的那个。因为我的工作效率特别低，所以总是被工作追着跑，开会时从来不发言，被人训斥"什么都做不了"，在工作中手足无措，当然也不可能想出任何新点子。

现在想来，当时我那么平凡，却自视甚高，还不好打交道，总之就是个对社会没多少用处的人。尽管如此，我还是一头扎进工作中坚持了两年，工作能力却完全没有进步。公司里的同事和领导对我的评价一降再降，我失去了自信，每天都想着"不如辞职好了"。

可是有一天，我在开会时偶然看到了发下来的文件，从那一刻起，一切都改变了。那是某个人笔记的复印件。当时，我看不起笔记，可是我试着读了读那份复印件，却发现竟然如此简单易懂。上面画着"→"或者"☆"之类的各种符号，还有几个大大的"○"，后面写的是"灵感"和"答案"。虽然字很难看，可是整体非常清晰。哪怕是当时完全做不好工作的我，也立刻厘清了思路。

我还记得当时我懵懵懂懂地感觉看到了某种提示，于是目不转睛地看完了那份笔记，周围的人一定觉得我很诡异吧。老实说，那时我觉得笔记是领导要求写的东西，而不是自己主动去写的，带着几分土气。可是，在看到那份笔记的瞬间，我的印象改变了。

我现在依然记得当时的想法："我想试试看！"从那个瞬间开始，我能够从不同的角度看待笔记了。

笔记做完之后就结束了，以后不会回头去看。这是我从上学时就开始采取的做法。可是那次开会时发下来的笔记是为了将做笔记的人的想法传达给他人。"笔记不是做完就结束了，而是能够成为思考的开端……"从注意到这一点开始，我的工作发生了巨大的改变。

从那以后，我开始慢慢摸索有关做笔记的事情。在这20多年里，我从做笔记、使用笔记，到用笔记激发灵感和传达自己的想法，我总结出了各种方法，并且一一实践。

后来，我在2006年离开广告代理公司独自创业，现在要给公司内外的数十名工作伙伴下指示，经常同时处理20多个项目，而且这份工作需要一直接触新信息，理解、思考并提出方案。这就是我每天的工作内容。

海量的信息从我的眼前掠过，我必须在信息的旋涡中结合会议的日程抽取必要的信息，回忆此前会议的内容，在此基础上推进会议，下判断、构思创意、指示员工。我以前是一个工作效率低、不擅长处理信息的人，为什么能胜任现在的工作呢？没错，我就是凭借使用笔记的方法。我能够断言，只要能熟练地使用笔记，所有人都能更精确地处理比现在多得多的工作。

可是，笔记并没有被大家当成重要的工具。一定是因为大部分人都有过这样的经历："笔记真碍事，派不上用场，反而让我的工作陷入混乱。"其实，我也一直有这样的想法。如果是没有任何技术含量的笔记，过一段时间后，就连自己都看不懂了。而且还要花时间回忆笔记里的内容，导致工作速度减缓，压力增加。

"笔记什么的根本不会去看啊！"我认为这是大家的真心话。可是，为什么会变成这样呢？其实是因为笔记"变质"了。

笔记有新鲜度，就像水果、肉类食材等一样，时间长了就会变质。报社记者这份职业需要做很多笔记，做完笔记后要立刻回头去看，然后写成报道。也就是说，他们看的是新鲜度很高的笔记。此时的笔记中还留着自己记录时的记忆。所以就算文字有些看不清楚，也能凭借记忆将当时的想法和笔记的内容补充完整。也就是说，"记忆+笔记"成为非常有用的信息。可是时间久了，做笔记时的记忆就会变得模糊。所以，就算看着笔记，也不知道自己当时的想法了。

如果你以前有过回看笔记时一头雾水的经历，请你回忆当时的情况，一定是发生在做笔记之后的很长时间吧。也就是说，笔记已经"变质"了。因为是"变质"的信息，所以就算无法理解也是没办法的事。

时间长了，笔记会"变质"！

任何笔记时间长了都会"变质"，因为几乎所有人都会忘记做笔记时的想法。无论是记性多好的人，看着一周前的笔记都会疑惑："嗯？我当时是怎么想的？"

我把这种情况称为"在笔记中迷路"。就像我们经常想不起昨天和前天吃过什么菜一样，记忆在短短几天之内就会变得模糊，甚至只需要几个小时，记忆就会渐渐模糊。正因为如此，我们才需要掌握做笔记的技术，做出不依靠记忆力，就算时间久了也不会"变质"的笔记。没错，我们要做的笔记应该是无论何时，只要看到它，就能立刻想起当时的发言内容和重点，明白接下来应该如何思考的笔记。

从留下当时所见所闻的"过去笔记"，进化到能启发自身未来行动的"未来笔记"。改变做笔记的方法，是本书内容的基础。

大家普遍想到的笔记是"过去笔记"。也就是说，里面记录的是当下的所见所闻和思考，绝对不是传递给未来自己的信息。可是，只有将"过去笔记"转换成"未来笔记"，才能成为让你的工作焕然一新的契机。

我曾经遇到过各种各样的人，见过各种各样的工作方法，在其中发现了两类拖慢工作进度的问题。一是信息过多。随着工作量增加，很多人会因为海量的信息陷入混乱，不知道该思考什么问题。二是难以切换思路。如今这个时代，人们都有大量的工作，一项工作结束后，进入下一项工作时需要花费大量时间来整理思路。

其实，"未来笔记"正是能够改善这两类拖慢工作进度问题的方法。如果使用"未来笔记"，你就能在看到的瞬间明白应该思考的重点，当即着手进行该做的工作，所以工作速度能飞速提高。而且因为目的明确，所以你能够顺利想出有趣的策划和抓住灵感。

可是，笔记终究是笔记，还是应该花费尽可能少的时间和精力来做笔记。因此，本书中没有复杂的规则和难以理解的理论，而是精选出所有人都能实践，并很快就能应用在工作中的笔记术。我精选出了做我重视的"未来笔记"的14种方法。

这里提到的"未来笔记"是我在做文案撰稿人时真正使用过的笔记术。也就是说，所有方法都可以实践，而且是所有人都能坚持下去的方法。如果每天实践一种，只需要2周，你就能成为笔记专家。请你继续阅读本书，成为未来时代需要的笔记专家，提高工作效率和质量吧。

另外，本书中还有我从伊坂幸太郎①那里借鉴来的笔记术。伊坂幸太郎究竟是如何做笔记的，又是如何将笔记用在工作中的呢？请你一定要看一看。

- 为了迅速整理信息，得到有趣的灵感。
- 为了顺畅地得出新想法和做出有趣的策划。
- 为了随时理解重点，准确地传达给对方。

我这就带你进入"未来笔记"的世界。

---

① 伊坂幸太郎：日本畅销书作家，其作品《家鸭与野鸭的投币式寄物柜》《死神的精确度》《金色梦乡》等多次获奖，部分作品被改编为电影。——译者注

"未来笔记"的惊人效果

1 工作变轻松

做笔记只是麻烦，根本用不上。

→是轻松思考的契机。

2 工作速度变快

信息又多又混乱。

→能帮助整理思路，立刻开始工作。

3 能重新利用过去的灵感

过去的灵感被浪费了。

→唤起已经忘记的灵感。

4 舒畅地涌现出灵感

想不出灵感。

→知道了想出灵感的方法。

5 成为工作能力强的人

不知道做什么好。

→能迅速设定主题，解决问题。

6 能准确传达出想传达的事情

啰里啰唆，说不清楚。

→能向他人传达重要的事情。

7 拥有领导力

无法提高团队的积极性。

→能让团队愉快地工作。

目录

绪论

开始做"未来笔记"吧

只需要改变做笔记的方法，工作就会更加顺利，灵感就会喷涌而出。

欢迎来到魔法般的笔记术世界。

做不依靠记忆的笔记

我先问你一个问题："为什么要做笔记？"听到这个问题，大部分人都会回答"为了不要忘记听到的事情"。这确实是做笔记的普遍目的。可是如果仅仅为了这个目的，就无法发挥出笔记中蕴含的作用。那么，笔记真正的作用是什么？是创造思考的契机。

我在前言中也已经提到，没有任何技巧，只是记下结果和信息的笔记会随着时间的流逝慢慢"变质"，你无法理解其中的内容和含义。正因为如此，为了能够做出不因时间流逝而"变质"的笔记，做笔记时要提前想到让以后回看笔记的自己能够明白笔记内容。为此，请想象回看笔记时的自己，应该如何为了向未来的自己传递信息而做笔记。举例来说，写下"应该从什么地方开始思考""什么地方是重点"，重要的是思考如何向未来的自己传递信息。

在笔记中留下思考的线索，不仅能提高工作效率，还更容易激发出新创意。从现在开始，我会一步步仔细写下在实际工作中做笔记的具体方法。

写给会忘记事情的自己

要想给未来的自己留下思考的线索，该如何去做呢？

最基础的事情是要设想，未来的自己几乎会完全忘记现在的事情。一定不能带着"不，还是会记得一些吧"这种侥幸心理，就算当时觉得"想到了一个特别好的点子"或者"听到了特别精彩的故事"，到了第二天，不对，很多时候只是过了几分钟就忘在了脑后。所以，完全不要相信未来的自己。一切从这一步开始。

接下来，假设什么都不记得的、未来的自己要回看笔记，想想应该写什么好，应该留下什么好。不过实际上要做的事非常简单，只需要想象未来的自己就好。想象"这样写，未来的我应该能看懂""这样写，未来的我会觉得有趣吧"或者"未来的我会看不懂这些内容吧"。在各种推测之后，做笔记竟然会变得像玩游戏一样愉快。而且在做笔记的过程中，需要做出的努力比想象中要简单，眼看着效果逐渐显现，自然就不会觉得辛苦了。

大家可能没有意识到，记忆力原本就是能轻松提高的能力。比起用双脚行走，人们开车行进的速度会更快。同样地，人们在蹦床上会比在平地上跳得更高。人们可以使用工具来扩展能力。

这件事同样可以套用在记忆力上。也就是说，如果人们能利用工具提高记忆力，就不用烦恼自己记忆力不好。只要使用简单的工具，如应用程序等，就能获得更强大的记忆力和构思能力。

如今是人们必须面对庞大信息的时代。正因为如此，人们不能仅仅依靠大脑，而应该让本子上的笔记成为思考的线索。就像把电脑硬盘无法容纳的数据储存到独立的移动硬盘中一样，我们也需要在大脑外部存储一些随时可以提取的信息。这就是"未来笔记"。在这个信息爆炸的时代，做"未来笔记"是我们必须掌握的技能。

使用"未来笔记"，人们能顺利地提取出各种各样的信息，不会陷入混乱。而且还能提高工作效率，顺利构思出新创意。令人震惊的是，就连过去已经忘记的创意也能再次被想起，并且投入使用。

那么，我将为大家介绍让过去的创意复活并且投入使用的笔记术。第3章"传达笔记"将为大家介绍"笔记年月日"。方法很简单，只需要像出生年月日那样写下笔记诞生的日期。应该有很多人心想："就这么简单？"没错，就是这么简单。

其实我在刚开始做笔记时，也曾经认为日期没有意义。可是当我为了方便整理坚持加上日期后，过去想到的创意竟然在未来不断复活。尽管方法非常简单，效果却格外显著。那么，让我来告诉大家使用"笔记年月日"会产生什么样的效果吧。

下图是我的笔记本。请看写在封面上的"笔记年月日"，这样就可以知道做笔记的具体日期和季节。打开笔记本，每一条笔记的标题上同样都写着"笔记年月日"。虽然是非常不起眼的行为，不过只要坚持下去，我们就能够与信息重逢。

"与信息重逢"，这句话大家或许是第一次听到，其实这可以让我们不浪费过去想到的创意，并能够在未来衍生出新的创意。举例来说，你有没有在工作中为构思创意而困扰过？比如总是没办法灵光一现，找不到有趣的信息……这时，回看过去的笔记会很有效，可以找到过去因为感到有趣记下的信息和创意。

可是，经常会出现这样的情况，哪怕回看了过去的笔记，依然找不到合适的创意，结果只是浪费了时间。这时，为了提高"与信息重逢"的精度，我们可以利用"笔记年月日"，去查看过去"同月同日"的笔记。

这样一来，就能看到过去的自己在同样的月份、同样的季节、同样的温度、同样的日程、同样的心情下写下的信息。利用"笔记年月日"回溯时间，我们就能在一段时间之后邂逅过去的自己的感受。当然，哪怕只是回看过去的笔记，效果也会很好。只是为了提高"重逢的精度"，回看在相似的感受下写下的笔记很重要。这样一来，就能与自己曾经的感受重逢，刺激我们产生新的感受。

当下没有想到的事情，或许以前曾经想到过。见到过去的笔记或许可以成为契机，诞生出适用于当下的创意。

"笔记年月日"虽然是非常简单的方法，我却有过多次成功的经验。下面我为大家讲述我的一次经历。

与过去的笔记重逢吧

与信息重逢：创造出销量达到130万件的大热商品

我曾经做过这样一条笔记。

"不被晒黑，晒不黑。这是女孩子最喜欢的句子之一。"

这是我在7年前记下的笔记。当时，人们经常能在电视广告上听到"今年晒不黑"的台词。"笔记年月日"是2009年5月10日。

在2010年冬，我接到了一份广告制作的委托。商品是日本永旺公司①将于2011年夏季售卖的功能性T恤，该T恤能隔绝紫外线的功能是一大卖点。由于其他公司也将T恤的各种各样的功能作为噱头打出广告，因此永旺公司担心自己的商品会被埋没。

收到委托的季节是冬季，我很难构想出夏季的情景，在一番苦思之后，我感到束手无策，于是重新翻起了笔记。我找的是T恤预定发售的5月的笔记，然后我与笔记中的"晒不黑"这句话重逢了。

在夏季即将到来时，化妆品行业会使用类似"晒不黑"的广告词，于是这款"防紫外线T恤"与其他商品的广告形成了相辅相成的效果，成为夏季的流行品之一。那一年，这款防紫外线T

---

① 永旺公司：日本的一家大型综合零售公司。——译者注

恤卖出了大约130万件，成为大热商品。

除此之外，还有很多崭新的创意是在我重看笔记后冒出来的。每一个创意都不是我漫无目的翻看碰到的，而是因为有了"笔记年月日"这个路标，才得以与我重逢，得以"复活"。只要能与合适的信息重逢，我们想出有趣创意的可能性就会增加。

我想大家应该也经历过同样的事情，无论多么优秀的创意，

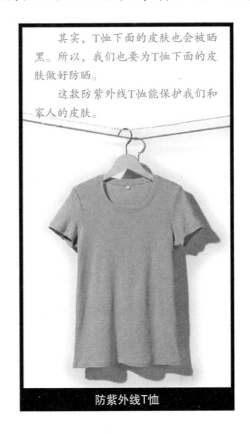

其实，T恤下面的皮肤也会被晒黑。所以，我们也要为T恤下面的皮肤做好防晒。

这款防紫外线T恤能保护我们和家人的皮肤。

防紫外线T恤

如果没有被使用就会立刻被遗忘，在永远得不到关注的过程中逐渐消亡。可是在逐渐消亡的创意中，说不定会有非常了不起的创意，或者是在当今时代才能被客户接受的创意。不要浪费过去的创意，让它们变成未来的创意吧。"笔记年月日"就是让创意"复活"的魔法，源于我们感到可惜的心理。

这不过是"未来笔记"的作用中非常小的一部分。接下来，超级笔记术的能力会一个接一个地登场。如果可以，我希望大家不要只限于阅读，从之后我将要提到的内容中选出一个也好，尝试坚持一周吧。我想只需要完成一次简单的尝试，你的工作效率就会提高，结果就会向好的方向转变。

一年后，你的工作将发生翻天覆地的变化。哪怕只是1.01和0.99的微小差距，分别365次方之后也会变成巨大的差距。所以哪怕只努力一点点，我们只要脚踏实地地坚持，就会得到显著的成长。

$$1.01^{365} = 37.8$$

只要脚踏实地地努力，最终会形成一股巨大的力量。

$$0.99^{365} = 0.03$$

相反，如果一点点地偷懒，力量最终会消失。

差距真大啊。

达成完美工作成果的三种"未来笔记"

接下来，让我们进入"未来笔记"的内容吧。"未来笔记"大致可分为以下三种。

（1）总结笔记。

（2）创意笔记。

（3）传达笔记。

我将在后文中的每一章分别详细介绍这三种笔记，在这里先

整理思路，总结想法

总结笔记

超级笔记

传达笔记 ——— 创意笔记

在瞬间传达出重要的内容   创意喷涌而出

简单概括一下。

总结笔记：将信息总结成简洁的话语，提高工作效率

总结笔记的意思如字面所示，是用笔记总结信息的笔记术。

信息如果被放置不管就会变成一团乱麻，我们需要将信息整理成简单易懂的笔记，将会议中提到的重要信息和发现总结成方便使用的笔记，利用左脑完成的笔记。总而言之，总结笔记就是将杂乱的、无法使用的信息变成简单易懂的可用信息。我们只需要记住简单的方法，就能让工作进展得飞快。

提到关于创意的必读书，就要数詹姆斯·韦伯·扬[①]（James Webb Young）的《创意的生成》（*A Technique for Producing Ideas*）了。他在书中提到产生创意时，在关键的第一阶段工作中，收集资料和整理资料非常重要。总结笔记就是用在他所说的第一阶段时的方法。做总结笔记时加入符号和线框，将信息进行整理，变成可用信息，就能成倍提高工作效率，为创意的诞生打下基础。这就是在职场上能带来显著效果的超级笔记术。

[①]　詹姆斯·韦伯·扬：美国广告创意大师，广告创意魔岛理论的集大成者。——译者注

创意笔记：凭借笔记，让创意不断涌现

接下来是创意笔记。这是产生创意的笔记术，用在需要想出新点子，思考打开市场的方法的时候。创意笔记多用图画，可以刺激控制视觉的右脑，带来新创意。只要学会创意笔记，就能轻而易举地想到新点子，甚至能在1小时内想出100个点子。

上文中提到的《创意的生成》一书中，写到了"创意不过是旧元素的新组合"。创意笔记的作用正是利用笔记，找出全新的组合方式。

我将为大家介绍利用漫画明确创意目的的笔记；为自己的工作设定难度，然后思考创意的笔记等。我们利用这些方法就能想出有趣的创意。使用笔记想出创意，这是一件非常愉快的事情。创意笔记能让所有人完成创造性的工作。

传达笔记：利用笔记传达重要信息

传达笔记是将利用总结笔记和创意笔记完成的内容，简单易懂地传达给别人的笔记术，推荐给需要团队合作，需要和领导、下属一起工作，需要和公司外部的人合作的人。

我的工作当然需要与别人合作，而且如今大多数工作都需要和很多人合作完成。其中重要且困难的一点，或许就是如何与团队成员或客户沟通。传达笔记正是能够让沟通更加顺畅的笔记术。只要掌握了做传达笔记的方法，无论是在工作中还是在平时的生活中，我们都能随心所欲地传达出自己想要传达的内容。这也是大家都需要的方法。

三种"未来笔记"中的任何一种，都能用简单的方法完成。这些方法都很容易学习，只需要大家读完本书就好。一旦掌握了超级笔记术，就能使用一辈子，请大家一定要尝试。

那么说明就到这里，接下来，我将从总结笔记开始为大家详细介绍，它能简洁地总结信息，提高工作效率。

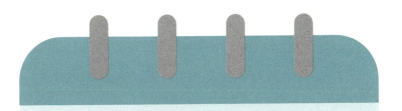

专栏　带着笔记去街上走走吧

笔记还能提高我们与有趣的事物相遇的能力。以脱口秀演员为例，他们经常能讲出在路上听到的有趣对话，正是因为他们随时"竖起天线"探寻素材。只要关注社会，我们就能发现有趣的事情。所以，带着笔记去街上走走吧，记得遇到有趣的事情就记下来。

做笔记与收集素材有同样的效果，所以能够收集很多

绿虫子酒吧

好奇特的名字……

街上发生的趣事。如果想要收集更多的素材，我们还可以尝试抓拍笔记散步，只需要拿着手机走上街头，拍拍照片就好。

事实上，只要我们有好奇心，有想要拍照的念头，就会比空着手逛街强，就能看到街上的各种细节。只要做到这些小事，周围的世界看起来就会更加有趣，请大家一定要尝试。

第 1 章

总结笔记

信息不经过整理就无法使用，可是在我们周围，总是堆满了很多无法使用的信息。总结笔记正是将信息整理成笔记形式的方法。只要学会了做总结笔记的技巧，无论是谁，无论在做什么样的工作，都能整理出井井有条的信息。而且我认为，我们拥有这种能力才能够在今后的信息洪流中生存下来。

我在这里提到的总结笔记有五种，每一种都是效果显著且简单易懂的笔记术。只要能够熟练使用它们，所有人都能轻而易举地做好工作。接下来让我们迅速进入正题，我将为大家分别介绍这五种笔记术。

三个圆圈：简单有效的总结笔记

第一种总结笔记的方法就是用简单的圆圈"〇"。

"啊？只是'〇'？"我仿佛已经听到大家愤怒的声音了，不过，"〇"的效果非常好。有了"〇"，就能立刻明白什么是重点。在日本，"〇"常被用来代表正确答案，所以，人们只要看见它，就能瞬间理解这项信息是正确的、必要的。

需要做的只是画"〇"

三个"〇"笔记术格外简单。只需要在做笔记时，在自己认为重要的信息旁边画一个"〇"就可以了。是不是很简单？不过只要做到如此简单的一步，笔记的有用程度就会提高一大截。

我在上文中提到，笔记的缺点之一是我们在回看时容易陷入混乱。所以，我们要通过画"〇"来明确需要关注的重点。只需要做到这一步，我们就能整理出简单易懂的信息。

请大家看下面的两份笔记。内容是广告活动的策划整理，对象是大家都熟悉的索尼家用游戏机PS4。下面是我在2015年春实际记录的笔记内容。

目标是在全世界卖出1亿台。

在日本，人们花在游戏上的时间比以前少。

PS4功能更新得很快，令人吃惊。

很多人虽然想玩有趣的游戏，可是没有时间。

"剧集""社交软件"占用了人们的空闲时间。

大家倾向于购买家人都觉得有趣的商品。

让孩子高兴的游戏主机更容易卖出去。

目标是在全世界卖出1亿台。

在日本，人们花在游戏上的时间比以前少。

○ PS4功能更新得很快，令人吃惊。

很多人虽然想玩有趣的游戏，可是没有时间。

○ "剧集""社交软件"占用了人们的空闲时间。

大家倾向于购买家人都觉得有趣的商品。

○ 让孩子高兴的游戏主机更容易卖出去。

大家觉得如何？大家先会关注的是画有"○"的笔记吧，而且会关注笔记中画"○"的内容。请大家不要把这件事看作理所当然。提高重要内容的关注度非常重要，在10天后、1个月后、1年后重看这份笔记时，"○"就会成为非常重要的路标。

其实在做完PS4笔记的一周后，我就几乎完全忘记上次开会时的内容了。不过在开会前重新看一遍笔记，就能立刻回忆起上次会议的重点，立刻决定创意方向。有了这份笔记，就能从带"○"的主题出发，在开会时提出创意，比如推出能和孩子们一起积极享受的游戏软件；面向没有时间的人群，让他们体会到在通勤途中或者等待他人时玩游戏的乐趣；举办能让用户轻松体验到游戏升级的活动……

前提是一定要在忘记前做记号

我已经多次强调，就算你记下了会议内容，当时的记忆也会在几天后消失得无影无踪，你自然也不会记得当时认为重要的内容和思路。可是如果你在笔记上画了"○"，就能想起自己做笔记时的判断和想法。这一点非常重要，"○"是我们做判断的足迹。

这里画了"○"→我认为这项内容很重要→这是我做出的判

断→可以推测出这是我应该采取的做法。

只需有意识地做记号，工作效率就能提高，创意也会从你的脑海中涌出，顺畅得令人吃惊。那么，要在什么样的内容上画"○"呢？其实不需要多想，只要在自己认为重要的内容上画"○"就可以了，不过为了之后用起来方便，我来告诉大家三条规则。

（1）做一次笔记最多画三个"○"。

定下最多画三个"○"的规则，你就不会出现看到无数个"○"而陷入混乱的情况了。上学时，有人在教科书上用记号笔画满了线，结果分不清每一条是什么意思。做笔记也一样，实际动手开始画"○"后，就会想要画好多"○"。这样一来，笔记上就会被画满"○"，结果什么内容都传达不了。所以，我们最多画三个。只要遵守这项规则，我们就会为了选出需要画"○"的内容，思考自己写下的笔记内容，从而斟酌重要的步骤。

（2）不要在已经着重标出的内容上画"○"。

看到公司文件中着重标出的内容时，我们也许会想要画"○"。可是在这些内容上做记号意义不大，因为就算不特意做笔记，只要看到着重标出的内容就能明白它们的重要性。我们需要在容易忘记的内容上做记号。比如"自己认为重要的内容""当时想到的点子""之后需要调查的内容""应该思考的方向"等。在这些内容上画"〇",更方便未来的自己厘清思路。

（3）在有疑问的内容上画"〇"。

标出有疑问的内容同样重要。因为这些记号能让未来的自己注意到当时的疑问,并开始思考。我经常听到"第一次开会时想到的问题最终引出了结论"的故事,因为我们用全新的视角思考问题,就能不被多余的信息迷惑,迅速关注到核心问题并且找出答案。"为什么这里是这样的?"最初简单的疑问往往能引出真正的主题。我将这样的问题称为"初始问题",重视初始问题,能够让主题更加明确,提高之后提出的创意的精度。正因为如此,大家要通过画"〇"记住初始问题。

请大家在画"〇"时遵守以上三项规则。这样一来,在你彻底忘记做笔记时的想法后,这些"〇"就能成为你打开思路的线索,还能带来各种各样的正面效果。

从一个"〇"中诞生的文案

在我年轻时,有项工作正是因为画了"〇"而获得成功的,那就是为日产汽车公司赛瑞纳（Serena）汽车设计广告文案的工作。

日产赛瑞纳是一款家用多用途汽车（MPV），当时此类汽车在日本发展迅速。但在此类汽车的市场占有率方面，日产汽车公司远远不及丰田公司和本田公司。于是，日产汽车公司希望借助这款赛瑞纳扳回局面。

汽车广告对文案创作者来说是重量级工作，而且那次工作对我来说非常重要。当时，我还是一名新人，因为被提拔来做这份工作而自豪，所以绞尽脑汁要写出一份优秀的文案。可是我完全想不出好点子，甚至连领导都对我说："如果小西不行，就换一个人吧。"

如今想来，我当时一直在寻找该产品与竞争产品的差异点，也就是说我想努力在文案中传达"我们的产品更优秀"的概念。传递差异点在广告中当然很重要，可是如果只表现出小小的差异，最终还是无法打动客户，作为广告的话题性也不高。我需要写出能够打动多用途汽车目标用户的文案，可我当时并没有意识到这一点。

当时，我在回看笔记时，与一个"○"相遇了。那是我刚开始负责这款汽车的文案，去日产汽车公司参观时想到的初始问题。"大家是怀着什么样的想法买下这辆车的呢？"这是我最初产生的疑问，并且画上了"○"。这个问题明明相当重要，我却将它忘记了。经过一次又一次的会议，在数字、数据与图表等资料的包围中，我钻进了牛角尖，一个劲儿地思考更明确的差异点，与竞争产品相比时的优势，市场在追求什么？

在广告中，这些思路都是正确的，可是仅凭它们并不足以打动人心。父母的真实想法、孩子的真正愿望究竟是什么？要说出什么样的话，人们才会愿意买下这款汽车出去玩？汽车给予家人的欢乐是什么？这些才是我应该思考的内容。

通过与"〇"重逢，我想到了这些。于是那句文案就此诞生："回忆比物质更重要。"

回忆比物质更重要

开始吧，赛瑞纳

这句文案，在只顾工作没时间陪伴孩子的父母群体中，引起了强烈的共鸣——他们想要创造出与孩子之间的共同回忆。以此为契机，赛瑞纳汽车的销量得到了飞跃式的增长。最终，"回忆比物质更重要"这句文案一直从1999年使用到2003年，成为"长寿文案"。直到现在，还有人会说这句文案是自己的座右铭。这句文案也成为我在工作中独当一面的契机。

一切都是从一个"〇"开始的。正因为如此，我直到现在依然重视那些小小的"〇"。当然，一定会有很多人觉得这个故事只是巧合，画个"〇"就能引起如此戏剧性的变化，这种事很难发生。可是事实上，虽然只是画了一个"〇"，但确实能让我们在回看笔记时与当时的信息重逢，回忆起初始问题，整理迷茫的心情，涌现出新的创意。由此可见，画"〇"能将当时的心情传递给未来的自己，留下让未来的自己能够理解的线索。

人一定会遗忘，我们要始终谨记这一点，确保自己就算在当下忘记，也能在不远的将来想起。这就是"未来笔记"的精髓。

✏ 箭头：建立秩序

第二种总结笔记的方式是箭头"→"。我仿佛听到了大家的声音："这次只是箭头吗？"没错，只是"→"。"→"能让笔记诞生出具有决定性的重要因素，这就是秩序。

● 不知道应该按照什么顺序思考。

● 要思考的事情太多，脑子转不过来。

● 无法判断什么事情最重要。

这些令人困扰的情况其实都源于混乱。一旦陷入混乱，人就会失去头绪。就连只需稍微整理一下就能明白的事情，或者冷静下来就能发现的事情，都会因为混乱而弄不明白了。笔记同样如此。混乱的笔记是无法传递任何信息的，只是文字的堆积，就算重读也只会令人感到焦躁。

就像我在绪论中提到的那样，如果你看笔记时会感到混乱，那么笔记就是无用的资料，会成为阻碍。因此，秩序是必要的。

在混乱中建立秩序

● 不知道应该按照什么顺序思考→可以从这里开始思考。

● 要思考的事情太多，脑子转不过来→区分无用的信息和必要的信息。

● 无法判断什么事情最重要→只要找出能解决当下主题的创意就好。

像这样，如果能理解思考的顺序和目的，人们就会立刻放下心来认真思考。这就是"信息的秩序"，"→"的作用正是创造秩序。

将随机的信息用"→"连接在一起，就能明确信息之间的关系，让信息变得条理清楚，简单易懂。另外，因为箭头可以明确思考顺序和目的，所以创意也更容易涌现出来。

请大家看以下事例，我列举了三份笔记。

这是我在2010年记下的笔记，当时我在构思日本时尚购物中心巴而可（Parco）的广告。第一份笔记我是在开会时一边讨论各种内容，一边随意写下的思路，所以内容零散。这样的笔记会让未来的自己摸不着头脑。于是在会议结束后，我趁着笔记内容背后的思路和想法尚且清晰，用"→"将内容连接了起来，创造了秩序，形成了第二份笔记。在第二份笔记中，我又用"○"和下划线"＿＿＿"强调了开始和结束，所以后来回看笔记时能够一目了然，知道自己应该思考什么内容。

1

当下的幸福是什么？　　　　制作人时代（白马王子时代）

促销？　　　计划？　　　帅气？　　　没个性的时代？

时装=幸福的符号化　　　　不追求流行　　　设计师时代
（希望别人为我们决定穿什么）

现代梦是什么？　让人幸福的东西会畅销　　简单易懂？

现代的憧憬是什么？　长时间流行的秘诀是什么？　流行结束得很快

用一切可能描绘时装　　经济不景气　不追求流行，而是追求本质

"快时尚"服装的兴起　　　不买奇装异服　重要的是卖出去！

便宜而优质的衣服受欢迎　　交给别人的时装

巴而可

一样就好，一样是好的　　　高级定制服装不流行

要穿昂贵、高质量的衣服　　如何让大家觉得与众不同才是帅气的？

时装=个性　　选择时装的意义是什么？

与众不同的意义　　这个时代什么是好的生活方式？

生活方式的提示　　不同凡响，想做就做！

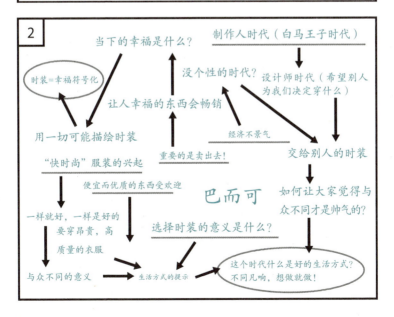

大家感觉如何？第一份笔记是无序的信息；第二份笔记用"→"连接，成为简单易懂，有意义的信息。这就是箭头笔记的效果。

虽然我们平时就在理所当然地使用"→"，不过如果能理解"→"的使用方法和目的，那么头脑就会更加清晰，更容易想出创意。

第三份笔记具备了一定的应用性。我将用"→"连接的内容分成了A、B、C三块，完成了这份笔记。其实这样的总结非常重要。在以后进行思考时，这份笔记能给我们指出思考的方向。

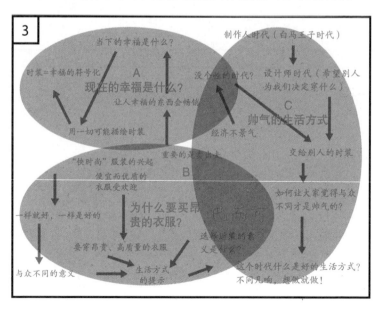

通过总结，我整理出了三点：

A：“当下的幸福是什么”，从这个观点出发理解时装。

B：面对“快时尚”服装，思考为什么要买昂贵的衣服。

C：提出适用于当下的“帅气的生活方式”。

有了这份笔记，要想出创意就容易多了吧。

请大家再次回过头看看第二份笔记。仔细观察你就会发现，第二份笔记将第一份笔记中的一些内容省略了。这是为了更清楚地向看到笔记的人，包括未来的自己传达思考的方向。希望大家能够记住，当我们需要向别人展示议事记录形式的笔记时，除去无用的信息后的笔记效果更好。

于是，我在这份工作中，从上文中的A、B、C三个方向出发寻找创意，最后从A的方向出发得出了结论，当下的幸福就是“和喜欢的人单独相处”。接下来，为了用时装表现出这个主题，我提出了采用“部分情侣装”的方案。广告宣传语定为“两个人逛巴而可太好了，能和你手牵手”。放大的宣传语挂在时尚购物中心巴而可商场前，那一次在巴而可举行的活动盛况空前。

另外，将在第4章中登场的作家伊坂幸太郎在写小说前，也一定会用“→”总结想要写出的内容。

在整理思路和逻辑构建的过程中，“→”本来就是非常有效的工具，在情节构建方面同样是重要的武器。关于“→”在情节构建方面的作用，我将在第4章中详细介绍。“→”是做笔记时重要的工具，其实对于阅读笔记的人来说，"→"同样效果卓绝。只要沿着"→"读下去，就能轻松理解笔记的逻辑，而且会产生追寻"→"逐渐接近结论的感觉，增加阅读的愉快感。"→"是既可以帮助作者整理思路，又可以增加读者乐趣的笔记术。

只要有路标，就不会迷路

接下来，让我们更加深入地思考"→"的效果。

正如前文所说，"→"能让笔记产生秩序，就像笔记里的路标。只要有"→"在，就算过去了很久，我们也不会在笔记中迷路，而是能够顺畅地大步向前走。人如果能按照顺序前进，就能够安心。就像看到零散的扑克牌按顺序排在一起会不由自主地放下心来一样，当事物按照时间顺序排列，或者从原因有理有据地推导到结果时，我们就会感到开心。因为顺序能带来秩序，让

是那边啊……

我们厘清思路。与无序的事物相比，有序的事物更能让人们心情舒畅。所以，"→"很重要。"→"能带来顺序，将无序变成有序。虽然"→"非常简单，但是能让人思路豁然开朗的笔记术。

另外，"→"可以训练我们关注的目的和原因，并且发现主题。实际上，这件事非常重要。

"→"能引起注意

使用"→"，能让我们对"原因→结果"或"需求→价值"的联系产生兴趣，并且反过来对没有联系的部分产生疑问。疑问对解决问题来说很重要，因为我们从疑问中可以发现新主题。

我经常在讲座中提到使用"→"带来的发现，主题是"广告"。近年来，广告的形式和内容等已经开始发生剧烈的变化，社交软件和网络越来越发达，此前处于全盛时期的电视和报纸逐渐式微。也就是说，在当今时代，已经无法做到将同一件事同时传达给很多人了。

时代已经从"广→告"（也就是"广而告之"）逐渐变成"告→广"，也就是以网络为中心，"说出有趣的事情并分享扩散"的时代了。"广告"变成了"告广"。只要想到这点，就能找到机会重新审视传统广告的方法论。

在平时认为理所当然的联系中特意加入"→"，往往能够发现过去没有注意到的矛盾和差异。大家如果能够在工作和生活中进行尝试，那么或许会得到有趣的发现。

如果大家通过使用"→"发现了疑问和矛盾，接下来请试着在会议或者课堂上发言吧。"我不明白这里的关系，您能告诉我吗？"这样的问题能够增加别人对我们的积极评价，给别人留下"这个人有认真在听我说话""这个人逻辑思考能力强"的印象。就算提出了错误的问题，也不会招来糟糕的评价，反而会为我们带来好处，加深我们的理解。开会或者上课时不知道该提什么问题的人，请一定要尝试。

写到这里，我仿佛听到了大家的声音："画'→'需要理解内容，这件事本来就很麻烦、很困难了吧？"没错，一边理解内容一边向前推进确实有些难度。不过请大家放心。我们需要做的只是做笔记，然后用"→"连接而已，不需要在一开始就下功夫准确理解内容。

先愉快地用"→"连接

请大家记下会议中出现的创意和信息，等会议结束后再花些时间在笔记中画下"→"。"→"可以表示"所以""于是""不过""既""可是""再加上"，等等。不过，你只需先将当时想到的内容标上顺序，愉快地连起来就好。因为A所以B，这里和C有关，也就是说有优点D······就像这样，只需要轻松地连接，从简单的事情做起就好。

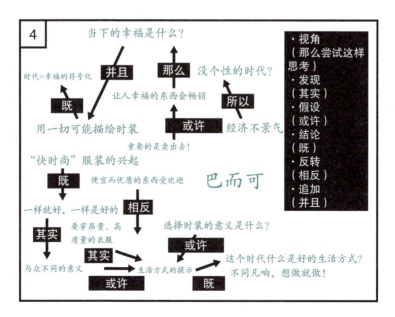

其实就算用"→"表示的联系是错误的，也能起到正面作用，那就是让我们注意到矛盾。回看时发现"这两件事没有关系啊……"，说不定会因此发现新的主题。

总之，用"→"连接的笔记是将阅读顺序和逻辑可视化，所以很容易上手。比起根据大量文字进行整理，大脑更容易理解"→"等视觉化的信息。另外，因为信息之间相互连接，所以我们发现其中的矛盾也变得容易。习惯之后，我们就能在看到联系的同时立刻发现矛盾，甚至可以瞬间想到解决方案。

了解"→"之后，下面让我们进入总结笔记吧。

特殊符号：让信息变得更容易获取

特殊符号是一种笔记术。特殊符号有很多种，我常使用以下五种。

（1）VS：表示前后内容是竞争关系。

（2）？：表示对内容尚存疑问，要寻找答案。

（3）○或×：○表示正确的方向；×表示错误的方向。

（4）☆：表示内容重要，需要重点思考。

（5）⇔：表示前后内容需要对比。

不过，刚开始的时候请大家什么都不要想，使用自己喜欢的特殊符号就好。当然，用几种都没问题，你只需按照自己的习惯选择想用的特殊符号。重要的是，不要将这件事想得太难，你只需在有想法的地方留下特殊符号。

无论是在做笔记还是在回看笔记的时候，用特殊符号标注自己的想法比用文字记录更快，而且信息更加简单易懂，能够提高工作效率。和文字记录不同，不到3秒就能留下"○"和"？"之类的特殊符号，当你看到特殊符号之后，思考的速度可能达到以前的3倍。

符号能快速简单地传递多种信息

下面我将为大家详细介绍。

先是"VS"。这个特殊符号用来标记对抗概念和竞争信息。普通的竞争自不用说，关键在于标记需要关注的竞争。比如，在构思音乐唱片的销售创意时，通过在笔记中写下"VS 油管网（YouTube）"和"VS非法下载"，我们可以注意到自己的创意与其他网络平台甚至社会问题之间的竞争关系。"VS"可以让我们时刻记住对抗概念和竞争信息，并在此基础上构思创意。

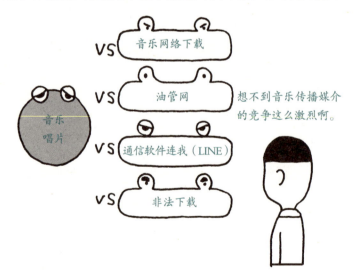

接下来是"？"。这个特殊符号非常简单，只需要在有疑问时写下"？"就可以了。只需要一步，"？"就能变成让思维更加顺畅的武器。事实上，我经常使用"？"。通过在笔记上做特殊符号，保留自己做笔记时的疑问，在未来的自己构思创意时就能起到巨大的作用。因为不需要写下文字，所以不会给人带来压力，而且特殊符号比文字更能提高思维的速度。

另外，"○"或"×"也是一个便利的特殊符号。"○"和"×"并不是分开使用的，而是搭配使用的。下面是使用范例。

· ×客户喜欢……

· ○客户喜欢……

就是这么简单。"○"或"×"在纠正思维定式时效果卓绝。你只要在发现自己存在思维定式时画上"×"，就不会重蹈覆辙。因为人的思维方式并不会随着时间的推移发生太大变化，所以需要事先对思维定式予以纠正。

"☆"用来标记重点。"☆"和"○"的作用相似。不过，"☆"意味比"○"更重要的内容，所以请画在笔记的精华和必要的内容上。

最后让我们来看看"⇔"，这个符号用来表示对比。在你遇到两种对立的意见或两种需要比较、衡量的内容时，比如"传统方式⇔新方式""度假去海边⇔度假去山里"，可以使用"⇔"

整理思路。

使用符号厘清思路

下面让我们来看看使用这些符号整理信息的范例。下面的笔记是我在日本埼玉县越谷市参与一家购物中心"永旺湖城"（AEON laketown）的开发时，做的笔记中的重要部分。

我希望大家看到的是，这份笔记中使用了五种符号，整理出了简单易懂的信息。你只需一眼扫过，就能找到重点，明白哪些内容是重要的，需要朝什么方向思考。

接下来，我来谈谈自己是如何写下这份笔记的。我先在笔记的正中央写下"需要思考的主题"。当时，我写下了"永旺越谷湖城购物中心"这一工程名称，但这个名称太长了。我认为需要取一个简洁易懂的名字，于是写在左上角并且标上了"☆"，这个"☆"成为我后来想到正式名称"永旺湖城"的契机。

另外，这家购物中心是当时号称日本规模最大的购物中心。不过我认为，一家购物中心的规模大小固然重要，但更重要的是要展现出有时代追求的独特价值。因此，我打算将宣传的概念从"日本最大的购物中心"变更为"日本第一家环保购物中心"。为了记住重要的视角对比，我加入了"○"或"×"，并

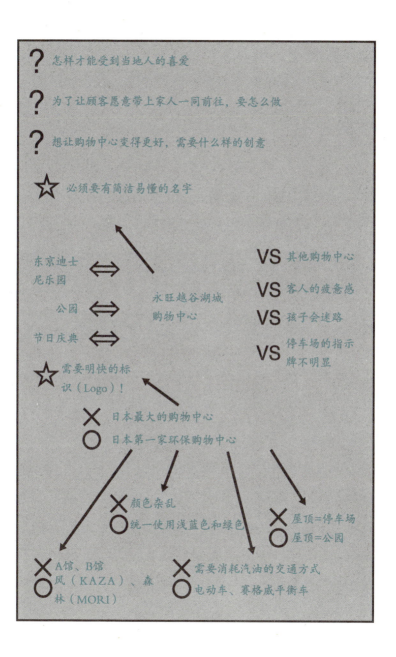

且为了简单易懂地体现"环保购物中心"的概念，我将各个场馆的名称由传统的"A馆""B馆"等，改成了"风"（KAZE）、"森林"（MORI）等。在这里，我同样用到了符号"○"或"×"，并且在其他未实现"环保购物中心"的创意上标记了"○"或"×"，作为和传统购物中心的对比。遗憾的是，右下角的"将屋顶建成公园"的创意最终没能实现，不过其他标记了"○"的创意，最终全部得以实现了。

接下来是"VS"。越谷周边有好几家购物中心，先将它们放在"VS"的对象中。然而，购物中心竞争的本质在于揽客能力，所以我特意将购物中心的劣势用"VS"标注出来，我希望自己能意识到"疲惫感""迷路"同样会成为顾客不想去购物中心的理由。后来，我们在购物中心里放置了很多座椅，甚至稍显多余，但这就是为了解决"VS疲惫感"的问题，保证顾客随时随地可以休息，提高顾客的满意度。

最后，我在购物中心需要解决的问题上加了"？"，将问题随时记在脑中，通过"⇔"与"公园""东京迪士尼乐园"进行对比，随时注意要以建设环保、令顾客感到愉悦的商场为目标。在实际工作中，这份笔记也成为总体规划，我的所有创意都是以这份笔记为起点诞生的。

"永旺湖城"开业后大受褒奖，在国际购物中心协会于2011

年举行的大会上，为日本赢得了第一个"可持续建筑设计"优秀奖。经过不断扩建，"永旺湖城"现在依然吸引着大批顾客。

　　大家已经看到了在实际工作中使用符号的笔记，感觉如何？看起来或许有些复杂，不过请大家放心，只要你能够坚持做总结笔记，这种程度的笔记一定能信手拈来。

　　当然，就算你不想做到如此细致也没关系。请先坚持做笔记，然后再一点点加上符号吧。只要能做到这一点，就会得到简单易懂的笔记。相反，不使用符号，而是使用大量文字的笔记不好读，并且不容易理解。因此，我希望大家能逐渐习惯使用符号。不需要使用太多符号，只需在能用到的地方使用就好。只要能做到这一点，工作就会变得更加顺利。符号是非常重要的工具，能够帮你整理信息，带来灵感。符号用得越熟练，它的力量就越强，能够成为你更加可靠的武器。

　　下面，我将为大家介绍另一个同样能带来灵感的强大武器。

文字泡：给未来留下线索

虽然这样说有些突然，不过笔记其实和肉类食品很像。我在前言中说过，笔记和肉类食品一样会"变质"。随着时间的流逝，人们如果放置不管，笔记就会"变质"，无法使用。而且笔记和肉类食品一样，需要进行预处理。事先用盐、胡椒腌制，为肉类食品调味的话，做出的菜品会更加美味。笔记同样如此，只需简单的预处理，就能变成"美味的笔记"。

前文中为大家介绍的总结笔记的三种方法正是预处理的方法，是为了让未来的自己使用笔记时能享用到"美味的笔记"的方法。

接下来，我将为大家介绍的是总结笔记中，另外两种能够产生更好效果的笔记术。如果用做菜来形容，就是像菜谱一样的技术，目的是用经过预处理的食材做出更美味的菜品。

第一种是"文字泡"。打个比方，就像父母外出时，给家里的孩子留下的便条，上面写着"热一下吃就好"或者"浇上调料就能吃"等。文字泡就是留给未来的自己的菜谱，告诉自己"应该这样思考""要解决这里的问题"。

　　文字泡的使用方法非常简单，只需简单回顾笔记，然后写下未来需要思考的问题。举例来说，就是写出下列指示："从这里开始思考！""打电话确认这里和那里的关系。""需要想出解决这个问题的办法。"很简单吧。不过文字泡的效果很好。可以让我们毫不犹豫地采取行动，毕竟迅速采取行动是提高工作效率的好办法。指示同样可以用特殊符号来做，不过要想留下关于思维方式的指示，使用简短的语言效果更好。

用三个要点留下菜谱

　　那么该如何写文字泡呢？要点有三个。

　　（1）起点：从这里开始思考。

　　（2）确认点：这里需要明确。

　　（3）重点：这里需要展开。

　　只要有了三个要点，就是一份完整的菜谱，可以供未来的自己进行思考。只需在想到的事情上加一句话就好。

从图中可以看出，加文字泡是非常简单的方法。即使是复杂的公司内部文件，用文字泡标注后，都能立刻变成简单易懂的指南。

在三个要点中，可以只列出一个或者两个，就算只列出"从这里开始"或者"需要调查这里"也可以。通过加一句话，我们就能给未来的自己留下思考的线索，提高工作效率。

简单的话语带来充分的理解

下面我再举一个使用文字泡的例子。这张笔记上写的是某次会议中我关注的话。

"不来也可以"和"不来也可以哦"。

看起来像诗一样意味深长，如果只看这句话，会不知道想要给未来的自己传递什么信息。

于是我在文字泡里写下了自己的想法。像这样在记下关注的话的同时，向未来的自己传达应该如何思考。写下这个文字泡时，我想到的其实是"只是在最后加了一个'哦'，就能传递出更加积极的态度。在写文案时，要时刻记住'不来也可以'和'不来也可以哦'这两种表达方式的区别"。

综上所述，如果使用了文字泡，传递给未来的自己的指示就会更加明确。因为可以立刻明白该怎么做，所以未来的自己就能够毫不犹豫地采取行动。有了文字泡，就算需要同时处理多个项目，就算需要出席多场会议并且在会上发言，也能够提高思维转换的速度。文字泡就像是思考创意时的热身动作。只要有了文字泡，就能在会议刚开始时切换思路，立刻想出创意，工作的速度和质量都会大幅提高，让我们变成工作能力强的人。

在这里，我还想和大家分享一个多亏有文字泡才能够成功的经历。下面是我在做雷克萨斯（Lexus）汽车广告策划时写下的笔记的照片，这是我在与团队讨论如何适用于国际市场时匆忙写下的。

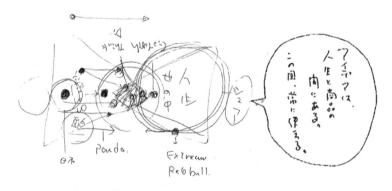

一个三角形里写的是"产品"，另一个三角形里写的是"社

会"和"人生"。面向其他国家的广告创意大多从"人生"出发，而日本的广告创意大多从"产品"出发。不过，我认为二者重合的部分才是真正的主题。

这份笔记引用了以极限运动引发话题的红牛（Redbull）品牌饮料广告，苹果品牌电脑的广告口号"不同凡响"（Think different）以及李维斯品牌的宣传片"往前冲"（Go forth）等宣传活动，表现出"在人生与产品之间寻找答案"的方法。

后来，这份笔记中的两个三角形成为我重要的笔记术之一。这就是我将在第2章中介绍的三角形笔记，不过其实在画下这幅图之后，我一直将三角形笔记忘在了脑后。就连几个月后我重新回顾这份笔记时，也不知道当时究竟写了些什么。可是，当我看到旁边文字泡中的内容时，我才意识到这份笔记的用处。文字泡里写的是"创意来自人生与产品之间，这幅图可以经常使用"。多亏了这个文字泡，这张三角形笔记成了我在工作中不可或缺的参考内容。后来除了工作，这份笔记还被我用在了各种各样的演讲和图书中。如果没有文字泡，或许我也不会写出本书了。

文字泡能带给未来的自己一些灵感。请大家一定要养成在笔记中加一个文字泡的习惯。接下来，我要为大家介绍总结笔记——电子笔记。

电子笔记：文字和图片都能轻松找到

手写笔记便于我们整理信息，就像我将在第2章创意笔记中提到的那样，手写笔记还能在创意构思中发挥巨大的作用。因为我们可以随时随地取出笔记本，按照自己喜欢的方式书写，用便利的方式找到想要的信息，所以无论在提高工作效率方面还是激发创造性方面，手写笔记都能带来非常好的效果。我会随身携带固定种类的笔记本，记下各种各样的笔记。实际上，我已经将这种习惯保持了20多年，在各项工作中取得了成果。不过，在手写笔记的基础上，我也在充分利用数字化的新方式。这就是第五种笔记术——电子笔记。

为了方便检索，我使用的是印象笔记（Evernote）和谷歌云盘（Google drive），这两款软件都可以用来在线做笔记。我是在尝试过很多软件之后，因为重视便利程度而选择了这两种。除此之外，还有各种各样的电子笔记软件，它们各有各的优势和劣势，请大家在尝试后选择适合自己的软件。

检索才是最大的优势之一

我使用电子笔记最关键的原因在于检索。检索功能是纸质笔记无法做到的，但纸质笔记能带来检索没有的"邂逅"与创造性，所以应该说，电子笔记和纸质笔记各有所长。我认为能同时熟练使用电子笔记和纸质笔记，才是最好的。

接下来，我将为大家介绍电子笔记的使用方法。使用电子笔记时，最初重要的是不要思考，而是要先将自己得到的信息和产生的想法一股脑记下来，然后不断将素材、画作以及能激发创意的内容记录在网络上。网络就像四次元口袋，可以不断往里面放东西。然后，通过检索，我们一下子发现的信息，就像哆啦A梦把手伸进口袋，一下子取出需要的道具一样。

上文中也提到过，对我来说，电子笔记的作用既不在于工具本身的便利性，也不在于能随身携带的便携性，而在于检索。因为电子笔记能轻松地做到纸质笔记无法完成的检索，所以是可靠的工具。因此，我会抱着与做纸质笔记不同的目的使用电子笔记。

不过如果技术不够熟练，检索还是会沦为没有用武之地的"英雄"。和纸质笔记一样，虽然记录下了信息，却没有使用，这样不会有任何意义。那么，要想熟练使用检索功能，我们需要做些什么呢？其实需要做的同样是拥有"未来笔记"的意识。也就是说，在做笔记时要想象未来的自己会如何看待。

不过，我们需要做的事情很简单，只需在做过笔记后，在电子笔记的标题上稍稍费一些心思罢了，即用未来的自己可能会检索的关键词添加标签。

让电子笔记更容易检索的方法

让我们一边看着我实际使用过的电子笔记一边继续说明。下图中展示的是我实际写下的电子笔记，这是我在制作东京天王洲地区再开发项目的策划书时写下的。大家可以看到，标题是由各

天王洲 再开发 活动 城市规划 创意 重要 20130127

概念整理：

从交流设计的视角出发，进行岛屿整体的概念开发。

概念与两项设计相关。
一项是商品规划设计，另一项是交流设计。

商品规划设计的目的是招揽实体店，规划城市。但是，只关注商品规划设计的城市规划最终无法产生富有魅力的故事线，会被埋没在早已习惯了再开发的人们心中。

交流设计指的是让商业、环境和各项活动采用统一概念，让整个岛屿成为话题，设计出能在杂志、社交媒体的宣传中扩大知名度的故事线。完成扎实的交流设计，可以打造出具有话题性、令人耳目一新的城市。

种各样的关键词组成的。"天王洲""再开发""活动""城市规划""创意""重要""20130127"。

如果是普通的笔记，只需要写上"天王洲再开发项目"就可以了吧。可那并不是"未来笔记"。因为当未来的自己想要参考这份电子笔记时，我并不一定能想到要用"天王洲""再开发"作为检索关键词。

我在一开始就对大家说过，"未来笔记"的重点在于要以未来的自己什么都不记得为前提，在此基础上为与笔记邂逅事先做好准备。因此，在电子笔记中同样要事先做好准备。

举例来说，要在标题中加入各种各样的词语，添加标签，让未来的自己在检索不同的内容时也能看到这份笔记。

标题中的"活动""城市规划""创意""重要""20130127"这些标签，都是未来的自己检索时可能会用到的关键词。特别是"重要"和"创意"，是当我认为这份笔记可以用在其他工作中时会写上的标签。

就像这样，自己事先定好检索时会用到的关键词，在所有自己认为重要的笔记中添加标签，就能制造出与各种信息的邂逅，增加产生划时代的创意的机会。

用简单的词语进行分类

当然，在平时的工作中，每个项目的关键词同样可以作为标签。不过除此之外，事先定好常用标签，能提高与信息的邂逅频率。举例来说，我的常用标签如下：

- 认为重要的笔记会添加"重要"标签。

- 社会上流行的信息会添加"流行"标签。

- 和市场趋势相关的信息会添加"市场"标签。

- 优秀的创意会添加"创意"标签。

- 能作为图书或者杂志稿件素材的会添加"书稿"标签。

通过事先定好的常用标签，我可以立刻检索到自己曾经认为重要的内容，需要创意时能够立刻邂逅相关内容。我认为常用标签非常方便。重要的是作为标签的词语要笼统。因为如果进行细分，标签可能就无法使用了。

以前，我曾经因细分标签而尝到了令人羞耻的失败滋味。那个标签是"道德消费"（ethical consumption），本意是"符合伦理""有道德"，如今则经常被用在时尚、环保、公平贸易等领域，表示人们购买符合道德良知的商品。我以前看到过一篇关于"道德消费"的报道，认为它是重要的，于是记在了电子笔记中，但是标签只添加了"道德消费"。后来，在一次和时尚有关的讨论会上，提到了"环保与时尚"的内容，我隐约想起了那份笔记。于是当场开始检索，却怎么也想不起"道德消费"这个关键词。我尝试用其他词检索，却还是没能找到。正在手忙脚乱的时候，轮到我发言了，结果我讲得语无伦次。我现在还记得自己当时满脸通红、大汗淋漓的样子。

我在电子笔记中输入"道德消费"这个标签时，完全没想过会遭遇如此羞耻的失败，因为我当时认为"道德消费是这么有名的词，我肯定能记住"，结果我并没有想起来。我如果当时能添加"时尚""流行""重要"之类的标签，一定有办法找到道德消费的报道，在现场做出优秀的发言。从那以后，就算觉得有些麻烦，我也养成了多添加几个简单易懂的标签的习惯。

因此，作为标签的词语应该尽可能选择常用词。就算是自认为重要，一定能记住的关键词，如果是你初次听到的词或原创词，依然很可能随着时间的流逝忘记。重要的是与笔记重逢，所以标签最好是你经常使用的词或者象征整个类别的词，而且添加多个标签的笔记更有用。

就像我刚才写到的那样，我会在认为重要的电子笔记上添加重要的标签。当然，带重要标签的笔记会越来越多。不过，通过添加标签，我看到重要笔记的频率就会增加，与信息重逢的机会就会增加，能够找到更多有趣的发现。

为了突出，添加"★"

添加标签时，重要的是不要只用细致的词添加标签。刚开始添加标签时，我们会想用更准确的词添加标签，这可不行。因为如果添加过于细致的标签，未来的自己很可能会忘记，导致标签失去意义。不过如果大家觉得"创意""重要"这样的标签太笼统，用处不大，可以在用自己喜欢的词作为标签后，在标签前面加上"★"。根据笔记的重要程度，可以不断增加"★"的数量。实际上，我也会在标签上加"★"，便于快速找到重要的笔记。

当然，如今电子笔记的检索功能非常强大，不仅能搜到文章中的文字，有的还能搜到图片中的文字。所以，实际上用细致的词也能够完成检索。不过，添加"创意""重要""★"等标签依然能让未来的自己更容易检索，而且可以同时看到其他添加过同样标签的笔记，增加与意想不到的创意重逢的机会，这件事情充满魅力。如果能够熟练使用电子笔记的检索功能，工作中就会充满有趣的重逢。这是非常刺激的体验，可以在各种情境中利用，比如寻找会议的话题，检索下一份工作的素材等。

另外，本书同样是我利用电子笔记的检索功能写成的。从多年前开始，我在记录各种各样的创意时，想到总有一天要写一本书，于是在笔记中添加了"书稿""创意""重要"的标签，这就是我写本书的契机。在我真正动笔创作本书时，用那些标签检索后，重新遇到了当时的所有创意。那些创意成就了如今大家正在阅读的本书。本书里的大量笔记创意，都是从笔记中诞生的，可以说是通过实践笔记术诞生的实实在在的成果。

到这里，我已经为大家介绍了五种总结笔记，大家感觉如何？只要大家学会了整理信息、总结思路的方法，就能让笔记的实用性切切实实地更上一层楼，如果大家能够了解这一点，我会感到非常开心。

下面，让我们进入下一章。我将为大家介绍"未来笔记"真正的价值所在，那就是创意笔记。

专栏　推荐单本笔记

从各种各样的笔记本到统一的笔记本。

统一笔记本这种笔记术只需选择一种自己喜欢的笔记本。为什么要使用同一种笔记本呢？因为使用同样形状、同样大小的笔记本更容易使你养成习惯。和你每天阅读同一份报纸，在同样的时间起床的生活方式一样。通过使用同一种笔记本，我们能养成做笔记的习惯，让做笔记成为自然而然的事情。这一点非常重要。我们要养成下意识做笔记的习惯。

我们需要选择便携、颜色丰富的笔记本。举例来说，我一直在使用"跑道"（Rollbahn）牌的笔记本。因为它的尺寸合适，颜色丰富，用起来心情会变好。我周围也有使用"罗地亚"（Rhodia）或者"魔力斯奇那"（Moleskine）品牌笔记本的人。日本的传统品牌"生活"（Life）和"燕子"(Tsubame)品牌笔记本也不错。

其实，只要自己喜欢，选择什么样的笔记本都可以。

重要的是选择一种笔记本，并且随身携带。

第 2 章

创意笔记

从笔记中获取创意，推进工作的六种方法。

越死板的工作越需要创造性

虽然现在提起有些突然，不过我经常听到"创造性"（creative）这个词。电影、电视、音乐行业自不用提，制造业、金融业的从业者也开始提到"创造性是必需品"。创造性成了商业领域的重要关键词。然而出乎意料的是，还是有不少人抱有这样的疑惑："我的工作中真的需要创造性吗？"另外，还有不少人认为创造性这种说法不过是一时流行，是很快就会被忘记的外来词①罢了。其实就连我工作的企业中，也经常能听到这样的声音。

但是我认为这是不对的。在未来的时代，"创造性"一定非常重要，是所有人构思灵感时必不可少的要素。举例来说，请大家按照下图的逻辑思考。

---

① 原文中"创造性"使用的是日语中的片假名，表示直接音译的英语。——译者注

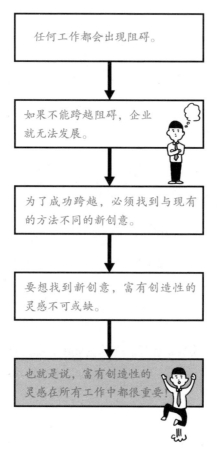

这样一想就会明白，果然所有人都需要富有创造性的灵感。而且从今往后，社会需求逐渐分散，新技术不断出现，我们即将进入传统方式无法顺利解决各种情况的时代。因此，能够诞生新创意的、富有创造性的灵感至关重要。我们需要遵循由可靠的方式产生的创造性。

　　下面我将为大家介绍的是创意笔记。这是通过笔记得出创造性灵感的、划时代的笔记术。只要使用这种方法，所有人都能格外简单地迸发出灵感。就连此前认为自己是与创造性无缘的人，也能仅仅通过实践这种简单的方法，在不知不觉中迸发出富有创造性的灵感。

　　你需要做的只有一件事，那就是记住笔记的用法。只需要做到这一点，就能在平时的工作中使用富有创造性的灵感了。那么，该如何得到富有创造性的灵感呢？让我们赶紧踏出第一步吧。

障碍笔记：轻松迸发灵感

在小说等图书领域经常会出现一种说法，确定题目后内容就会好写很多。我也有过同样的经历。在本书的书名没确定时，我总是为没办法随心所欲地创作而发愁，但当确定书名后，我的思路一下子顺畅了很多。原因何在？因为确定了"只要写出笔记超级出色的作用就好"的规则。

人只要有了规则，思考就变得容易。举例来说，如果让孩子自由自在地画出漂亮的画，他们会有些不知所措。可是，如果让他们只用三种颜色画出漂亮的画，他们就会开始激动地思考，画出令人惊讶的优秀画作。因为他们掌握了线索，可以开始思考如何只用三种颜色完成画作，与自由创作相比，在这种情况下，孩子更容易厘清思路，反而能诞生出更加灵活的想法。人真的是在有规则的时候更容易思考。

与此相同，工作领域同样如此。如果你听到"你可以自由思考，总之要想出能打破现状的方法"的要求，就会因为缺少头绪而感到为难吧。我可能会烦恼三天三夜才能找到思路。有的领导常趾高气扬地说："你有充分的自由，想出有趣的点子吧。责任由我担着！"其实我希望他们不要这样。这是糟糕的指示，不过是虚有其表而已。相反，优秀的领导能够从现状和必要条件出发，缩小思考的范围，在此基础上对下属做出指示："要在狭窄的范围里想出有趣的点子。"

其实，我曾经听某知名厂家的员工抱怨："董事长说要将成本缩减到现有成本的三分之一，还要保证品质，突破现状，真是强人所难……"

确实是强人所难的要求，不过他所在的团队每天都在讨论董事长的要求，几个月后，竟然真的完成了这个"强人所难"的要求。虽然有障碍摆在眼前，但人们能看到跨越障碍的目标，也更容易想出办法。而且难度越高，人们越容易投入全力，专心克服困难。我想优秀的管理者会提出"强人所难"的要求，就是因为他们懂得用这样的方式可以提升员工的能力。

能够提高工作效率，为了得到更好的创意而制定规则的笔记，就是第一种创意笔记，也就是障碍笔记。这种笔记术通过明确目标，得出需要跨越的障碍，产生思考的契机。

障碍笔记能带来目标和契机

正如上文提到的那样，制定障碍以及跨越障碍的规则，比自由发散思维更能切实提高创意的质量。我将制定规则的过程称为"让思考规则化"，而规则化的方式适用于一切工作领域。如果制定好思考的规则，所有人都能更简单、更有效地完成工作。制定规则的正是障碍笔记。可是，大家从来没听说过用笔记制造工作障碍吧。不仅如此，恐怕在工作中引入思考的规则也是前所未闻的方法。就算曾经听过，也只是在面向市场顾问和管理者的研讨会上，讲师用深奥的市场逻辑解释的内容。但是，这些内容大多数情况下非常深奥，没办法用在日常工作中。既然如此，就失去意义了。

我们不需要只能在特殊场景下成立，只能由特殊的人群使用的深奥逻辑。所以我用撰写文案的方法，想出了所有人都能在平常的工作中使用的、让思考规则化的方法。也就是说，本节中的障碍笔记是通过做笔记这种容易上手的技术，创造出思考的规则，让灵感更容易迸发，让工作变得灵活的方法。

因为只要有障碍笔记，就能明确目标，所以更容易与团队成员和客户共享创意需要达到的目标，让会议进行得更加顺畅。另外，"跨越障碍"还能成为团队的口号，提高凝聚力。举例来说，日本东京帝国酒店员工有一个一直在使用的障碍笔记。写出来很简单，就是一句"不愧是东京帝国酒店"。然而实际上，东京帝国酒店的所有员工在思考和行动时，都要努力让客人说出"不愧是东京帝国酒店"这句话。负责接待的员工、餐厅主厨、清洁工等，都要在工作时将随时让客人说出"不愧是东京帝国酒店"放在心上。

这就是障碍笔记的力量，能产生思考的规则，敦促人们的行为。只是一句简单的话，就让东京帝国酒店做到让客人情不自禁地感叹"不愧是东京帝国酒店"的服务。真是了不起。

障碍笔记就是像这样设定一句话作为工作的障碍，让所有工作充满活力。我认为大家可以马上着手尝试。如果我这样写，大概会被认真的读者训斥"这怎么可能"吧。不过担心是没有用的，其实要想超级简单地完成障碍笔记，是有秘诀的。

3秒就能写好的障碍笔记

接下来，我将给大家介绍3秒就能写好的障碍笔记。需要做的事情很简单，只是将工作目标做些改变，写在笔记上就好。假设我们的目标如下：做出在30~40岁的女性中热销的产品。

这是工作中的常见目标，如果原封不动地写在笔记上，会不容易抓住头绪，不像"不愧是东京帝国酒店"那样的目标一样能督促大家行动，因为这个目标并没有成为思考的障碍。那么该如何是好呢？

"这款产品真的能卖给30~40岁的女性吗？"

这样一来，是不是容易理出头绪了？这就是障碍笔记，只需不到3秒就能起效的魔法笔记术。另外，当我们需要想出战胜竞争对手招揽顾客的策划时，只需将目标变成"这项策划真的能战胜竞争对手招揽顾客吗"。

如果我刚才举的例子中，东京帝国酒店的目标是"提高东京帝国酒店的服务水平"，障碍笔记的写法就是"这样的行为真的能提高东京帝国酒店的服务水平吗"。

请看，是不是和"不愧是东京帝国酒店"一样，能敦促员工的行为？而且还能成为思考的契机，让员工想一想应该如何提高服务水平。只需简单地改动，就能成为合格的思考障碍。重要的是障碍化，而且为了障碍化需要做的事情很简单！你只需在笔记中稍微更改一下工作目标就好。

只要目标被改成"这样真的（能实现）……吗"的句式，就能成为引发思考的契机，激发创意的障碍。我想应该有很多人会疑惑"难道就这么简单吗"，但事实正是如此，就这么简单。只需设置简单的障碍，创意水平就会得到显著提升，会议目标也变得清晰易懂。结果，我们的工作效果得到了大幅改变。因为目标完成了障碍化。

完成障碍化后，行动变得容易

障碍化，大家是不是觉得这种说法很陌生？我在做广告策划等工作时经常使用这个词。在人们试图达成目标时，会考虑太多的可能性，导致头脑混乱，束手束脚，结果没办法做出正确的判断。在思考创意时，如果人们不能理解问题所在，就不知道该在什么地方做出突破，以什么样的结果为目标，导致想不出优秀的创意。因此，设定需要超越的目标，就能明确创意的方向，并且得出判断创意好坏的标准。

请大家思考自己的工作。就算有目标，为了达成目标需要解决的问题也并不明确，这种情况是不是很多？举例来说，如果只有前文中提到的目标，"做出在30~40岁的女性中热销的产品"，我们会不知道从什么方向开始思考。可是只需要稍稍改变一下说法，将目标变成"这款产品真的能卖给30~40岁的女性吗"，我们就会得到容易思考的问题，而且还能得到判断标准，这就是"是否能卖出去""这种设计恐怕卖不出去"，等等。这句话还能为团队所有成员设定相同的思考标准，使其判断想出的创意是否能够跨越障碍。

需要做的确实只是微小的语言变化，不过只要能完成目标的障碍化，无论是工作质量还是会议的推进速度、策划的趣味性都会比平时提升一个台阶。

根据标语来思考

上文中写到有了障碍笔记之后，它就会成为标语，提高工作质量。只要有了障碍，开会时无论提出什么创意，所有人都会思考"这样真的（能实现）……吗"，有了同样的标准，大家的发言和创意判断就会统一，从而得到效果更好的创意。另外，我们通过创意笔记这个共同标准，能够提高会议效率，从结果来看，工作质量将得到飞跃性的提高。

其实障碍笔记并非只能做到将工作障碍化，还能直接成为会议名称，或者策划书的标题。请大家看下图中的策划书。标题是不是很吸引人？比起老套的文字罗列，图中的标题更清晰地显示出需要做的工作，而且充满热情，更重要的是能激发人们对内容的兴趣。就像这样，只需将障碍笔记作为标题，就能让你的策划书变成很多人都感兴趣的作品。

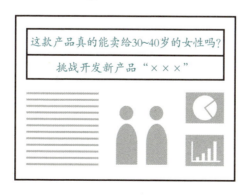

另外，我在实际工作中也会大量使用障碍笔记。比如我的公司曾经运营过一个名叫"东京女子项目"的网站，每天都会制作策划，当时的标语是"这真的能让女生喜欢吗"。所有人在开关于这个项目的会议时，都会带着他们觉得真的能让女生喜欢的创意来。也就是说，这句话成了会议的标语。于是策划的精准度大幅提高。

为什么会变成这样呢？因为创意有了障碍，所以人们变得容易打开思路。另外，大家只需将能跨越障碍的创意带来就好。于是，与会人员的积极性提高了。

只需有一个标语，思考、商讨、选择、展开话题的水平就会提高，真是令人惊讶的事情。另外，障碍笔记在向公司提交创意策划的时候同样有效。

在制作面向30~40岁女性的产品策划案时，用"这真的（能实现）……吗"作为标题，更能引起客户的兴趣，也能传达出我们的干劲。只是改变了标题，就能提高策划案的效果，没有比这更划算的事情了。因为需要做的只是写一句"这真的（能实现）……吗"，只要做到这一步，你的策划案就将魅力倍增。

用一句话活跃会议气氛

正如前文所写，障碍笔记是能够用非常简单的技术取得巨大效果的创意笔记，而且这种笔记术只需要稍微下些功夫，就能提高团队积极性。团队如果始终将一个"远大的目标"设定为障碍，就能大幅提高团队的动力。例如：

- 这真的能成为畅销产品吗？

- 这真的能让公司成为业界第一名吗？

- 这真的能为日本未来的环境做出贡献吗？

- 这真的能让所有孩子幸福吗？

- 这真的能促进世界和平吗？

怎么样？工作时如果能看到写着以上目标的笔记，会不会想要更加努力？其实我在做任何工作时，都会先将一个远大的目标设为"障碍"，看着笔记工作。这样一来，就不会将工作局限在狭窄的视野中，能够用更广阔的视野思考创意了。

其实我在创作本书的过程中，同样是一边看着笔记上"这本书真的能让职场人士变得更好吗"这句话一边动笔的。所以，本书充满了能够让职场人士变得越来越好的创意。

工作时设定远大的目标，这样做的当然不只是我，我遇到的很多管理者都在实践同样的方法。例如，日本拉面店"博多一风堂"的创始人河源成美，他经常在开会时说："这真的能将日本的优秀之处展现给全世界吗？"运营房地产网站"户博士"（Home's）的社长井上高志在开会时也经常问我："这真的能促进世界和平吗？"

如今，人们都愿意从更长远的视角出发，提出让世界变得更好的主题来思考创意，对于经济发展是非常重要的。因此，障碍笔记将成为有效的方法，创造出更广阔的视野，提高人们的意识。

就像这样，你不过是学会了一种简单的笔记术，就能发现真正重要的事情。这也是"未来笔记"的效果之一，也是创意笔记的力量。

大家感觉如何？以上就是创意笔记的第一种——障碍笔记。这种笔记术用简单的方法设定障碍，明确工作目标，能够更容易想出创意，并且将想法传递给别人。无论在思考创意时还是举行会议时，障碍笔记都是相当方便的笔记术，不是吗？

接下来，让我们更加深入笔记的世界吧。以产生创意为目标的创意笔记的第二种是漫画笔记。

漫画笔记：清晰地展示出目标和必要的创意

如上文所述，毫不费力就能完成的文字笔记不过是信息的堆积。既不方便阅读，也无法成为线索，很不好用。因此，我们才需要在笔记中加入"○"和"→"等符号进行整理，让笔记变得能用，更容易厘清思路。这就是"未来笔记"的第一种——总结笔记的精髓。让总结笔记进化，成为诞生创意的基石的，是创意笔记中的第二种——漫画笔记。

与文字相比，人更容易从有图画和符号的内容中轻松获取更多信息量，还能增加共鸣程度。所以漫画易读，理解起来也会更快。漫画笔记的灵感源于我的思考，能不能将漫画的优势用在职场上呢？目的是充分运用插画和台词等漫画中的要素，更顺畅地传递出更鲜明的信息，刺激想象力。

正如我在第1章的总结笔记中提到的，在笔记中加入文字泡和符号，信息会变得更有临场感。漫画笔记通过在笔记中加入插画和台词，增加笔记中能够让人产生共鸣的点。使用这种方法，能像看漫画一样一边享受一边诞生创意。

写出让大脑感到愉快的笔记

因为我非常不擅长记人名，所以我总是擅自根据别人的名字给他们起外号来帮助记忆。这种方法能让我记住很多人的名字，我听说这是因为外号是大脑认为有趣的组合方式，所以大脑会积极记忆名字和对应的面孔。

大脑会忘记理所当然的事物，愉快地记忆新事物、意料之外的发现和独特的事物。人们会忘记昨天晚饭吃了什么，是因为对大脑来说，这项信息是常规而乏味的。大脑的特点是容易忘记单独的信息，而记住连续的故事。也就是说，要想准确记住几项不同的信息，比起一项一项地认真记忆，不如将它们变成一个独特的故事或有趣的信息。举例来说，要想记住乌龟、高中女生、凯蒂猫（Hello Kitty）、500日元、雨、便利店这些看似无关的事物，要费不少力气吧。就算一个个记忆，也一定会忘记些什么。但是如果是这样呢？

因为下雨，高中女生在回家路上走进了便利店，从凯蒂猫的钱包中拿出500日元买了把伞，抽奖抽中了乌龟。

虽然是相当无意义的故事，但它的场景会浮现在你的脑海中，你结合场景便能记住上面那些词。脑海中浮现出情境后，我们的想象力也会发散，共鸣感会提高，并且激活大脑。

依靠刚才的故事，我一瞬间就记住了六个词。请大家也尝试一下，一定会惊讶于记忆如此简单。原因在于大脑感到愉快。只要大脑感到愉快，记忆力和思考能力都会提高。于是，我开始思考能不能将让大脑感到愉快这件事应用在笔记中？答案就是漫画笔记，一种让大脑感到愉快的笔记术。

单纯的信息堆积会令人感到痛苦，只需要加入插画和台词，就能让我们联想到场景，想象出一个故事，放飞想象力。由于思考变得愉快，因此新创意也更容易涌现出来。这就是漫画笔记的目的。

用名字和台词做笔记

接下来，我为大家介绍漫画笔记。假设你在参加一项新产品开发项目。为了宣传产品，你需要收集参与此项目的各个部门的建议，以及项目负责人的建议。

- 技术部的建议是"希望宣传三项新技术"。
- 设计部的建议是"卖点是轻薄圆滑的外形设计"。
- 销售部的建议是"总之，希望传递出产品的新颖、价廉"。
- 项目负责人的建议是"广告要有冲击力"。

一般来说，我们会将各部门的建议用文字罗列出来，可是只有文字本来就不方便传递信息，有些生硬，而且让人不容易理解各方的立场，很难想出新颖有趣的创意。那么，让我们尝试画出四个人的速写，并给他们加上台词吧。

怎么样？是不是只是画了速写，就增加了临场感，更加简单易懂呢？其实，将信息写成别人的台词，更容易产生共鸣。有了人物速写，我们在将信息视觉化，变得更容易阅读的同时，还能让冰冷的意见变得更有感情，内容更容易让人接受。更重要的是，看着漫画笔记思考能同时解决四方建议的创意时，困难的问题也会变得令人愉快。这一点很重要。如果在速写上增加一些笑容，我们就能更愉快地思考创意。虽然真的是很小的细节，不过

愉快的心情对大脑来说非常重要。

　　刚才我也提到，大脑喜欢记忆和思考愉快的事情。所以，面对越难的项目，我们越应该在其中表现出愉快的感觉。就像本章开头写的那样，越死板的工作越需要创造性，这也是运用漫画笔记的原因之一。在处理日常工作、会议和文件时，重要的是我们要在制造愉快的感觉方面下功夫。这样可以让我们的大脑感到愉快，努力记忆和思考。

　　我们很难只靠文字阅读艰深的内容，不过如果画成漫画，就能顺畅地读下去，而且不知不觉地记住内容，这是同样的道理。请大家一定要尝试在笔记中加入插画和台词，实践漫画笔记。一定会得到惊人的效果。

　　我仿佛听到大家在说："就算你这样说，我哪画得了漫画啊！"没错，很多人都不是漫画家、设计师或者插画师。其实，我也不擅长画插画，画出的作品非常拙劣，所以我能理解大家的心情。但是没关系，我们先从简单的漫画笔记——"火柴人"开始吧！

就算只是"火柴人"，也能厘清思路

　　"火柴人"的画法真的很简单，只需要用到圆和线条，像下图一样给每个人简单添几笔，画出特征作为区分就好。有了"火柴人"，再给他们写上名字和台词，就足以完成漫画笔记。简单的图画能让我们想象出场景，远比只有文字的笔记更容易整理思路，使我们能顺畅地理解笔记中的要点，迸发出灵感。

老年人
增加拐杖和皱纹

女性
增加头发

男性
基本形态

孩子
身形较小，增加帽子

火柴人的画法

我在第4章将为大家介绍的作家伊坂幸太郎在写小说前，也会用"火柴人"画出插画，整理小说的登场人物、情况、设定，总结会发生什么事情，应该写什么内容。这样一来就能够更真实地想象故事情节，思考每个情节中需要出现的台词和即将发生的状况。

通过画漫画，可以轻而易举地理解每个人的需求，他们在不同时间里会如何行动，在追求什么东西。使用插画可以想象出真实的情况，引出问题的答案，这项技术不仅可以用在小说中，还可以用在其他工作中。看着插画想象目标用户的细致形象，想象他们会为什么事而开心，会喜欢什么样的产品，就能引出真正需要的答案。所有工作都是一样的。与其只写出文字，然后冥思苦想，不如画成漫画，能够更高效地得到灵感。请大家尝试一次，一定能得到惊人的效果。

任何人都能画好画的四个步骤

我想大家已经明白，只用"火柴人"就能充分发挥出效果，不过应该也有人希望能画得稍微好看一些吧。下面的内容推荐给你们，就连不擅长画画的我都能轻松画出好看插画的方法。其实，我也是用这种方法画出插画的。下面我将简单为大家介绍这项方法，只要学会了，漫画笔记就会变得有趣一些。

　　按照下图的顺序实际画过之后，你就能画出连自己都觉得"说不定我有画画的天赋"的插画。当然，需要注意的是，在开会时画插画会分散注意力，你可以在思考时一边画插画一边总结，会让思路更加顺畅。请大家一定要尝试。

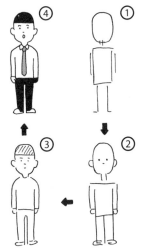

①用椭圆形和方形画脸和身体。用线条画出手脚。
②在脸上画点表示五官，然后填上手脚。就算画得不好也没关系！
③用线画头发。然后擦掉不用的线条。
④表示惊讶时，让嘴巴张开；表示愤怒时，让嘴角下垂；表示微笑时请画出笑容。最后画出领带和衬衫的形状。如果是女性，可以画上裙子，完成。

　　说到这里，经常会有人提到"整理思路的话，只用文字也可以做到"。当然，我认为如果是只用文字就能做到的情况，那么只用文字就好。可是如果画成漫画，你更容易从感性上体会目标用户的心情、厘清问题、工作重点等。如果使用漫画笔记，那么笔记将不只是信息，而会成为"信息+情感"，能够激发想象力，带来创意。漫画笔记是遇到困难项目，需要创造性思考时必需的笔记术。

漫画笔记推动社会

下面，我给大家讲一个实际工作中，用漫画笔记的方法推动社会热潮的例子。这就是日本的"高杯酒（high-ball）热"。

就在几年前的日本，高杯酒还是没人喝的酒类。威士忌被日本人看作是过时的产品，完全卖不出去，人们根本想象不到如今在聚会上，有越来越多的人在喝高杯酒。然而，有一群人找到了机会，提出"让年轻人喝威士忌"这个鲁莽的目标。他们就是三得利公司[①]的人。于是，他们向着这个目标做的第一件事，就是做出像漫画笔记一样的视觉化目标设定。

他们想象高杯酒真正畅销的情况，将"年轻人畅饮高杯酒，愉快聊天"的场景视觉化。然后为了实现这一场景，所有参与项目的人纷纷出谋划策。

- "想要在居酒屋活跃气氛的话，喝大杯扎啤比较好。"
- "我们不用啤酒，而是做出高杯酒专用的大酒杯吧。"
- "虽然是威士忌，不过可以做成适合下饭的味道。"

---

① 三得利公司：全球领先的食品饮料及酒类公司。——编者注

- "做成让不喜欢喝威士忌的人也能喝的柠檬口味不错。"
- "和方形玻璃瓶的标签一样，用黄色为主的标志吧。"
- "开发适合搭配高杯酒的菜品，做成套餐吧。"

......

开过会后，大家的策划案纷纷实现，于是带来了如今的高杯酒热。①

就像这样，只要能做到将目标视觉化，就更容易涌现出灵感，产生创意。大家也在做自己手中的项目时尝试一下如何？我想一定能得到超乎想象的效果。如果大家认为有些困难，请先从简单的表情插画和台词开始尝试，构思创意的过程一定会变得愉快。

---

① 漫画和文中的故事都是根据三得利食品公司国际交流部负责人和田龙夫的演讲内容绘制书写的。

黑色三角笔记：玩转产品策划

虽然有些突然，不过请大家思考下面这句话的意思。"就算你让我设计大桥，我也没办法设计大桥"，这句话简直像绕口令一样。这是过去一位建筑师的话，我仿佛能听见有人在问："那该怎么办呢？"其实这句话还有后文，那就是"就算你让我设计大桥，我也没办法设计大桥。我必须要思考过桥这件事"。

大家明白这句话的深意了吗？没错，意思是必须站在过桥的人的立场上，思考过桥这项行为。也就是说，在建桥的时候需要设计的不是新奇有趣的桥，不是新颖的形状和颜色，而是要考虑怎样做才能让过桥的人感到喜悦。

各种各样的人都要过桥，我认为这句话是在提示我们要想象出孩子、老人、孕妇、残疾人过桥时的样子，建造能让所有人心情愉快地渡过的桥，这非常重要。在任何工作中，必须要先想象使用产品的人，想出能让这些人幸福的创意。我认为要想做到这一点，必须发现用户希望得到的东西，也就是需求。所以，请大家注意"需求"这个词。我认为从新策划和产品的开发到新公司创业，这个词都将再次成为市场上的关键词，是所有人在面对未来时需要随时意识到的主题。

需求有两种：一种是众所周知的显在需求；另一种是虽然尚未被发现，但确实存在的潜在需求。前者指的是像"小孩受不了甜食的诱惑""出汗了就想喝水"等，大家都知道的需求。与此相对，潜在需求需要大家去发现，才能意识到"没错没错""要是有它就好了"。我将潜在需求称为隐性需求，实际上，发现隐性需求在制作策划时至关重要。隐性需求是藏起来的，所以很难发现。努力发现隐性需求，就能做出让世人惊讶并且产生强烈的共鸣的产品，创造新的事业，从而取得巨大的成功。

寻找隐性需求

让我们以真实的产品策划为例，来思考隐性需求吧。

2014年秋，我负责为日本时装品牌"若佩尼"（Rope Picnic）发售的一款产品做策划案。这是一款有保温功能的针织衫，板型和颜色都很漂亮。可是由于竞争品牌也出了款式、颜色和手感相似的针织衫，所以这款针织衫很难成为爆款产品。不过，最后这款针织衫的销量非常好。原因在于它是不易产生静电的，保暖的针织衫。这里的隐性需求是不易产生静电。

保暖、板型、柔软度、质量，同样的产品会追求各种各样的优势，然而这款针织衫并非如此，而是使用了能减少静电的毛线，开发出不易产生静电的产品，并将这项特点传递给用户。这样一来，该产品就拥有了能得到消费者认可的价值，也就是满足了消费者的隐性需求。不易产生静电这个小小的隐性需求，孕育出此后巨大的商机。也就是说，只要能找到消费者真正的隐性需求，就能让消费者产生强烈的共鸣，打动他们的心，从而促进产品的畅销。这种思维方式当然不仅限于时装界，而是适用于任何领域。只有隐性需求才能孕育出令消费者心动的创意。

下面，我将为大家介绍发现隐性需求的方法。

你觉得这很难？不，本书里不会出现任何困难的事情。让我们开始吧，看一看所有人都能轻易发现隐性需求的方法。

发现隐性需求的武器

下页图中有两个三角形，它们就是发现隐性需求的武器——

三角笔记。三角笔记是一种简单的笔记术，只需要画出两个三角形就好。不过，它是在做策划和思考创意时，发现重要的隐性需求的最强方法之一。

三角笔记又叫共鸣三角形，是用来寻找信息的"发送方（产品）"和"接收方（消费者）"之间共鸣点的图。

共鸣是隐性需求的源头。也就是说，只需要使用三角笔记，就能发现隐性需求，孕育出让整个社会产生共鸣的策划。那么，让我们赶快来练习，用共鸣三角带来创意吧。

先画出两个三角形，然后填写左边的三角形。左边主要是"发送方（产品）"想要传递的内容。比如产品信息、服务信息、企业文化和创作者的坚持等，包含产品的制法和差异点等。以刚才的针织衫为例，指的就是"柔软的触感""颜色种类多""价格便宜""流行的板型""百搭的风格""精制的做工和新材质""减少静电"等。

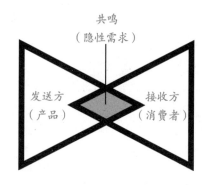

可是只做到这一步，并不能发现共鸣和隐性需求。所以我们需要在右边写上接收方（消费者）的想法，不过只写消费者的想法，同样很难找到隐性需求。

那么该怎么办呢？现在，我要告诉大家一件重要的事。这次的创意笔记名叫黑色三角笔记。其实三角笔记分两种，分别是白色和黑色，这次向大家介绍的是黑色，也就是微微发黑的三角笔记。为什么是黑色的？因为我们要写下不满。也就是说，这种笔记是我们从不满的集合中引出真正的隐性需求，是划时代的笔记。

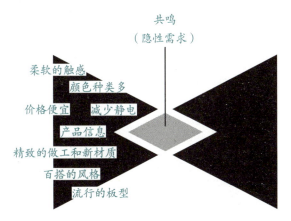

写下不满，能找到创意

下面我来为大家说明。先填写左边的三角形，然后在右边的三角形中写下主题"不满"，也就是消费者"不喜欢的事情""感到困扰的事情"。以针织衫为例，"很快变形""不能机洗""讨厌静电""会起球""会变硬""褪色""价格贵"等，这些都是不满，请你尽情写下不满吧。如果可以，最好能找到人们平时没有说出口的不满。当右边的三角形集合了对针织衫的不满后，它们就会原封不动地成为希望从针织衫上看到的优点，也就是隐性需求的基础。接下来，只要根据左边三角形中的产品信息引出能够解决右边三角形中"不满"的创意，就能得到满足隐性需求的创意。

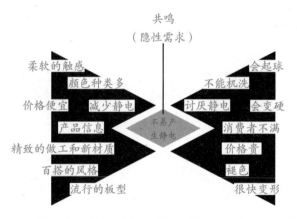

从以上例子中，我们引出的是"不易产生静电"的隐性需求。其实我在绪论中提到的"防紫外线T恤"同样是因为发现了隐性需求才能够畅销的。因为这款产品仅仅主打一项简单的功能——防紫外线，大力宣传产品创意，能解决女性不喜欢晒黑的不满，这才得以畅销。

就像这样，只要产品创意能解决消费者的不满，就能够畅销。我此前的创意都是经过大量思考而想出来的，但只要有了黑色三角笔记，所有人都能高效地找到创意。

不过，由于隐性需求是人们尚未知晓的需求，因此发售时会令人大吃一惊。正因为如此，满足隐性需求是推出新产品、新服务、新店铺、新活动等需要创意的时候必需的思维方式。也就是说，几乎所有公司在推出新项目时，都可以使用黑色三角笔记。

举例来说，开发新家电时会如何呢？黑色三角笔记的通常做法是从产品信息开始填写，不过在开发新产品时，先要从举出消费者对家电的不满开始。需要写的是消费者使用家电时的困扰、难处、不方便的地方、讨厌的事情等。请大家一起来思考吧。例如：

- 空调在关闭时会释放一股奇怪的味道。
- 家里地面东西太多，无法使用扫地机器人。
- 电视遥控器经常找不到。
- 自动马桶盖无法正常使用。
- 冰箱中有很多过期食品。
- 举着手机看视频，手腕会疼。

● 明明是全自动洗衣机，却必须自己把衣服放入和取出。

请大家尽量写出可能会出现，让人们情不自禁地说出"啊，没错"的不满。然后一边看着右边三角形中的内容，一边在左边三角形中写出现在的技术能够实现的事情。

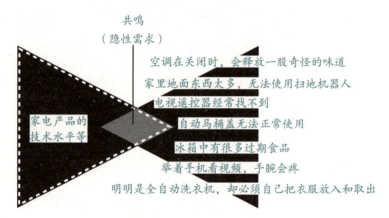

共鸣
（隐性需求）

空调在关闭时，会释放一股奇怪的味道
家里地面东西太多，无法使用扫地机器人
电视遥控器经常找不到
自动马桶盖无法正常使用
冰箱中有很多过期食品
举着手机看视频，手腕会疼
明明是全自动洗衣机，却必须自己把衣服放入和取出

家电产品的
技术水平等

接下来，在正中央写上能满足左右两边内容的家电创意。这样一来，就能得到满足隐性需求的创意了。例如：

● 关机时会散发香味的空调。

● 能提示保质期的冰箱。

● 能固定手机的各种支架。

● 会应答的智能遥控器。

怎么样？如果有以上这些家电，大家是不是有些心动呢？

只要用黑色三角笔记发现隐性需求，就会不断想出有趣的创意，用在产品开发和内容策划中。隐性需求的实现能消除消费

者的不满，是能为我们带来新生活的创意源泉。就算刚开始看起来绕了远路，不过还是请大家尝试找到隐性需求，然后构思创意吧。大多数情况下，最后大家一定会发现这是一条近路。

　　接下来，我将为大家介绍同样使用三角形，不断带来新创意的另一种方法，这就是白色三角笔记。

白色三角笔记：1小时之内得到100个创意

　　创意既不源于才能，也不源于品位，制造创意是有公式的。能想出大量创意的人只是在不自知的情况下运用了公式而已。所以只要记住公式，你也能立刻想出创意。刚才提到的黑色三角笔记是从不满中寻找隐性需求的公式，在新服务和新产品的策划过程中尤其有效，是创意笔记的一种。请大家一定要在思考创意时尝试套入公式。

　　接下来，我将为大家介绍的是白色三角笔记。和运用不满的黑色三角笔记不同，白色三角笔记是从目标——喜好出发，寻找隐性需求，找到能被消费者接受的创意的方法。适用于制造能引发热议，引起大家兴趣的"梗"，作为活动、广告、促销宣传的创意和内容。另外，因为这个笔记术会提取出现在的喜好，所以更有可能自动定位到可以在当今时代成为爆款的内容。

　　重要的事情需要反复强调，创意并不是特殊人群才会拥有的才能。就像我在绪论中提到的詹姆斯·韦伯·扬曾在书中写到的那样，"创意不过是旧元素的新组合"，我认为他所言极是。

也就是说，创意并不是从零开始的，而是通过组合诞生的。既然如此，只要将已经存在的旧元素组合在一起，创意就会诞生。那么，我认为只要列出能简单完成组合的公式，大家都能想出创意。

于是，上文中已经提到的三角笔记就此诞生。无论是黑色三角还是白色三角，都是为了简单得到创意列出的公式。

从大量选项中挑选，就能得到好创意

但是，通过组合诞生的创意存在一个问题，那就是就算随意将两种事物组合，能得到好创意的可能性也不高。那么该如何是好呢？我们能做的只有想出大量创意，然后从中选出好的那个。并且不断重复这个过程，让自己积累想出好创意的经验，提高想出好创意的精度。这是可行的途径。

我从事的是广告工作。也就是说，我需要思考创意。我的工作内容就是稳定输出好创意。如果我说出"这次我做不到"，那么我的职业生涯可能将就此告终。我会为了避免说出这种话而拼命努力。

我每天不断想出成百上千个创意，将它们否定，然后继续思考。这可是一项困难的工作。大家的情况如何呢？我想，正在阅读本书的读者中应该有从事广告和设计行业的人，不过你们可能和我不同。对于一些读者来说，"总之请不断思考成百上千个创意"这种话是困难的。

可是，大家依然希望能想出好创意吧。可惜就像我刚才写的那样，要想得到好创意，你只能想出大量创意，然后从中进行选择。

但是，如果有一种方法能轻松地、有目的性地创造出上百个创意不就好了吗？接下来只要从几百个创意中选出好的那个，所有人不是都能想出好的创意了吗？如果能做到这一点，就能列出好的创意公式了。

下面我将为大家介绍的白色三角笔记就是从这种想法中诞生的创意公式之一，它是能创造出大量创意，从中选择好创意的笔记术。

1小时之内想出100个创意

接下来，我将结合实际案例为大家介绍白色三角笔记。

白色三角笔记术又叫"居酒屋混合"。因为它的来源是我在居酒屋喝酒时，偶尔会借用餐巾纸，撕成小块，在上面写上小小的字，然后随意组合。白色三角笔记是非常简单的笔记术，毕竟是我在居酒屋边玩边发明的。熟练之后，能在1小时之内想出100个创意。再加上只要学会就不会忘记，还能很快给别人解释清楚。你还有什么不去尝试的理由吗？

接下来，我为大家说明如何做。先是设定需要解决的主题。在平时的工作中，我们也会设定像"将新产品卖给40~50岁女性的创意""让孩子走进店里的创意"等主题，所有主题都可以使用白色三角笔记。也就是说，这种笔记术适用于各种主题。

这次，我会用我喜欢的"澡堂"作为主题。题目是"让年轻人走进澡堂的创意"。来吧，让我们开始制作白色三角笔记。

白色三角笔记
【让年轻人走进澡堂的创意】

①请在左边的三角形里写上和主题相关的信息。

那里有什么，能够体验到什么，拥有哪些设施，大家希望有什么东西。请大家尽可能多地填上信息，最好能包含其他人意想不到的信息。

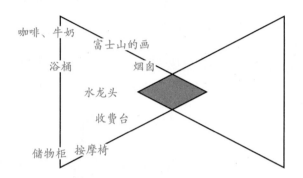

②接下来，在右边的三角形里填上目标用户喜欢的东西，只需要列出来就好！

这时，请大家彻底忘记写在①中的信息，只去思考目标用户喜欢的东西，不要考虑产品和地点本身。

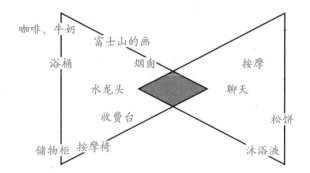

③来吧，结合①②，组合出有趣的词！

把所有组合起来不同寻常和有趣的东西全部写出来。不要在意可行性是不是很低，窍门是选出尽可能多的组合方式。

操作方法特别简单，你只需将三角形填好，就能想出有趣的创意。比如将左右两边的词组合起来：

（1）浴桶形状的松饼。

（2）沐浴液水龙头。

（3）带有富士山的画的储物柜。

（4）咖啡、牛奶按摩。

（5）聊天按摩椅。

看吧，只是几分钟，就想出了5个创意。虽然有的创意显得有些奇怪，不过如果我们能将这些给人们带来笑容的创意纷纷实现，顺利的话也有可能成为受顾客欢迎的活动。

重要的是，这些创意是你一味认真思考时绝对想不出来的。就算用寻常的方法，皱紧眉头冥思苦想，你也绝对想不出这些有趣的创意。

还有一件重要的事，那就是总之先要想出尽可能多的创意。拿出一堆创意之后，再来思考是否能够实现的问题。你如果从最开始就只在能够实现的范围内思考，就只能想出狭隘而平平无奇的创意了。

我们需要想出有趣的创意，然后再从中选择能够实现的创意。这样一来，头脑中就会涌现出远超我们想象的有趣、充满原创性的创意了。经过多次实践，思考创意的精度会提高，与真正了不起的创意相遇。白色三角笔记就是将创意公式化的笔记术。其实，这种方法与专家思考创意的方法是一样的。

不偏离主题，融入当下流行趋势

白色三角笔记的另一个优点在于无论想出多么天马行空的创意，都不会偏离主题。上文中的例子列举的是澡堂里有的东西与能够做到的事情，与喜好结合之后，无论诞生出多么有趣、多么天马行空的创意，最终目的都是让年轻人走进澡堂。这是非常重要的一点。

实际上，思考创意的难点之一在于创意偏离目的。会出现想着想着，就在不知不觉中只追求新奇和有趣，偏离了目的的情况。我从事创意工作很多年，如今依然会想出虽然有趣，但是偏离目标的创意。

可是，使用白色三角笔记就不会出现这种情况。因为无论想出的创意多么天马行空，都源于为了实现目标生产创意的结构。另外，因为从一开始就是从目标用户的兴趣出发的，所以能够轻而易举地生产出目标用户感兴趣的创意，完全是划时代的创意开发术。

像这样，我们同时关注目的和用户兴趣，通过组合想出大量创意，然后从中选出好的创意。将这种专业思维方式直接变成公式的，正是白色三角笔记。

下面，让我们再看一个使用白色三角笔记想出创意的例子吧。主题是"杂货店招揽顾客的新活动"。这是店铺招揽顾客的主题，希望大家一定要用在所有店铺的活动策划中，比如餐饮业、服务业、零售业的店铺等。不过，因为店铺的范围太大，所以我特意选择了杂货店为例，接下来，让我们瞄准20~30岁的人。

既然决定了主题和目标用户，让我们赶紧来写白色三角笔记吧。

白色三角笔记
【让20~30岁的人光顾杂货店的活动灵感】
①请在左边的三角形里写上杂货店里经常出现的物品、能够体验的事情、那里的人们等。

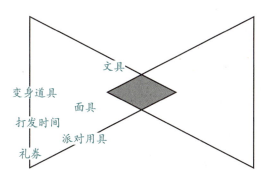

②接下来，请在右边写上目标用户喜欢的东西，只需要列出来就好！这边也请在短时间里尽可能列举更多。

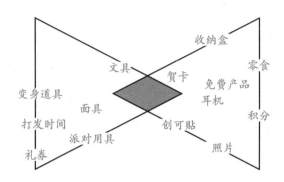

③来吧，结合①②，组合出大量的词！

接下来，让我们试着组合第②步中左右两边的词语。

（1）打发时间零食。

（2）积分礼券。

（3）变身道具收纳盒。

（4）面具积分。

（5）自拍礼券。

我依然是在一瞬间就想出了5个创意。虽然只是创意的雏形，不过已经有了相当有趣的内容。其中，自拍礼券的创意是利用日本流行的自拍，发行独家礼券，其实这个创意已经被实施过了。

这就是在日本有几十家分店的生活杂货店"广场"（Plaza）

实施的创意。自拍礼券是直接使用客户映在特殊镜子中的面部照片制成的礼券。实施时还加上了"折扣""手游"等创意，会根据笑容的灿烂程度改变礼券的折扣额。礼券的设计与纸币相似，能够让用户更愿意拍摄照片。该创意实施后，立刻得到了"有趣"的好评，在社交网络上传播开，对店铺的客流量和宣传都做出了贡献。

这个创意的开端正是白色三角笔记。我们通过组合寻找创意的笔记术，招揽到了顾客。

构思创意是一件令人愉快的事情

综上所述，构思创意其实比我们想象中的简单。不过之后还需要满足各种条件，不断完善，让创意变得更加有趣，这种笔记法确实能得到很多创意的雏形。平时为得不到雏形而困扰的人们，请一定要尝试使用白色三角笔记。

在尝试使用白色三角笔记后，大家会发现，构思创意是一件很愉快的事情。构思创意这件事本来就应该心情愉快地去做，就算你皱紧眉头冥思苦想，也未必能得到好的创意。虽然思考是痛苦的，但你要学会享受。因为只有带着愉快的心情，你才能完成划时代的突破。

或许有人会生气地说："这不是在玩吗？"但只有营造出创造性的氛围，让人们能够愉快地构思创意，才能找到改变团队和公司的契机。

到现在为止，我已经为大家介绍了我使用的两种三角笔记术，分别是黑色三角笔记和白色三角笔记。这两种笔记术都能让大家愉快地想出了不起的创意。能够孕育未来的笔记就是"未来笔记"的精髓。请大家先尝试一下，无论选择哪一种，只要大家能掌握其中一种，我都会感到开心。

那么让我们赶快开始进入下一个创意笔记吧。下面，我将为大家介绍通过关联得到创意的关联笔记。

关联笔记：按照逻辑找到关联

思考时，各种各样的信息缠绕在一起，大脑会陷入混乱。因为钻牛角尖，你迟迟无法决定创意的方向，虽然有好几个创意，可是不知道哪个是正确的；工作时，我们经常会陷入混乱，无论是多么有经验的人，遇到第一次接触的工作或者困难的工作时都会陷入混乱。

关联笔记是解决混乱的有效方法。第 1 章中登场的箭头笔记是在混乱中创造秩序的笔记，关联笔记用到的就是箭头笔记，是为了在秩序尽头导出答案的笔记术。

其实我也经常陷入混乱。虽然我常常做出"我什么都懂……"的表情，但其实很多时候我都在烦恼"这究竟是怎么回事"。例如，产品信息过多，我的大脑无法吸收的时候；周围的环境过于复杂，让我难以理解的时候；各种各样的意见纷繁复杂，我无法决定应该优先考虑哪一项的时候，我都会经常陷入混乱。还有必须要解决的问题太多，不知道该从何处下手的时候，我也会非常为难。

面对这些情况时，我经常会使用关联笔记。在交通工具上、开会的间隙、闲来无事的时候……我都会把浮现在脑海中的想法用"→"连接起来。这样一来，总会在不知不觉间找到正确的方向。有时候，我的头脑还会格外清醒，各种各样的创意一个接一个地浮现出来。总而言之，这种笔记法对于为"无法厘清思路"或者"找不到答案"而烦恼的人很有效，请大家务必要尝试。

我想，应该有不少人抱有疑问："真的能让头脑变得如此清醒吗？"所以下面让我们一边看着使用关联笔记的实际案例，一边为大家进行介绍。

没有思路时，先进行关联

下面将为大家介绍的是我在2015年春接到的委托——"激活九十九岛旅游"项目，后文将为大家展示我在烦恼时写下的关联笔记。

九十九岛位于日本长崎县佐世保市附近，由很多美丽的岛屿组成。这里有靠近长崎的豪斯登堡（Huis Ten Bosch）主题公园，还有很多其他公园，任何人看到那里的美景都会情不自禁地屏住呼吸，然而遗憾的是，九十九岛在很长时间内并不出名，甚至很多人都会把它的名字读错。

于是当地人与外地公司的员工组成团队，开始着手从事激活当地旅游业的项目。我是在这个项目有了一些进展之后加入的，我既不了解主题，也不了解目标，不知从何处下手。于是，我首先在看不到目标的情况下写出了关联笔记。

九十九岛为什么没有更多人来旅游？

这里既有著名的豪斯登堡主题公园，又有佐世保市，还有夕阳、岛屿、美味的食物等。

可是人们依然不知道在这里能做什么、这里有什么。

重要的是能吸引人的内容！自然风光壮丽。食物呢？有没有大众美食？（调查）

目标群体在哪？在东京和大阪。特别是东京，如果不能打动生活在东京的人（或媒体），就无法提升九十九岛的知名度，没有人会来。

也许投入大量资金做旅游宣传也是一条路？

不行不行，就算邀请名人代言，半年后热度也就下去了。如果宣传效果不能长久就没有意义，重要的是持续性。要创造出就算我们这些工作人员离开，项目也能运转的方法，即能激发出当地人积极性的方法。

重要的果然还是让当地人加入，找到能持续下去的方法。创造出根植于当地特点的旅游内容。

也就是说，要在当地创造出代表性人物和新的商业路径，让投资稳定流入，找到激发当地人积极性的方法。

必须先了解当地人的想法和情况。和当地人接触，听取他们真实的意见，那里有想出根植于当地特点的创意的基础。

在此基础上，从目标人群的视角，想出能激活旅游业的创意！想出当地人想不到的创意！

需要让当地人创立一个组织——既不是公司，也不是自治体，而是更加有机的组织，比如像学校一样的组织。并邀请有建设旅游项目经验的专业人士加入。

九十九岛大学！我们需要在哪里做什么？先是信息整理，没有信息就什么都做不了。

因为是九十九岛，所以我们来创作九十九项内容吧。九十九岛的九十九条素材！

创作素材的困难之处在于解决游客"需要花10万日元专程从东京来这里体验吗"的问题。

不只是旅游信息，最好是能自然而然地传播开的素材。还需要能用于传播的照片或者视频！

使用社交软件激活旅游！

邀请我认识的社交软件明星加入吧！

因为需要与当地的店铺合作，所以要不要将当地的有识之士组织起来？如果我们在当地找到一位关键人物，可以以他为中心进行宣传。

需要能扩大话题性的情节。从当地人出发，最终回归当地人生活的全新旅游故事线。

是什么呢？深入思考一下吧！

连接创意的碎片

上文中的笔记是我当时写下的关联笔记。大家看过之后就会明白，这只是按照顺序将我想到的内容连在一起而已，但头脑会在不知不觉中变得清晰，能够找到主题。接下来，就要面对这个主题，开始进行激活九十九岛的项目，也就是"九十九岛大学"了。就连当初头脑一片混乱的我，也能通过关联想到的内容，明确该做的事情，厘清应该朝着哪个方向思考。

将零散的信息和创意用"→"连接，我就能像阅读故事一样顺畅地找到需要的东西。然后，我脑海中的迷雾会散去，纷繁复杂的内容会顺利解开，变得简单易懂，重要的事情和无所谓的事情都变得清晰，并且自然而然地靠近答案。

写在这份关联笔记中的内容最终大部分都实现了。让我感到惊讶的是，我在九十九岛做的这项策划获得了2015年度的"优良设计奖"（Good Design Award）。关联笔记为九十九岛创造了新的可能。

另外，关联笔记还有另一项作用，就是向他人展示时，能够比任何策划书更顺利地被他人接受。当然，面对客户时效果同样非常好。正因为如此，我经常将关联笔记中的逻辑直接用在策划书中，在公司的策划会上进行发表。

例如，下图就是摘自2015年春，我给世界知名的时尚精品店"巴尼斯纽约"（Barneys New York）制作的策划书。

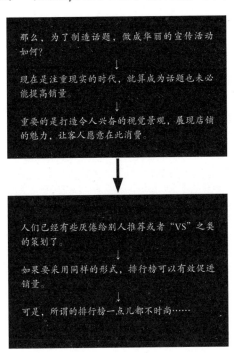

其实，我还写了好几张关联笔记放在策划书里发表。内容从对上一年的回顾开始，到列举问题点，以及解决的重点等。在此之后，我写上了实际的创意和详细的图景、信息等。

这就是我将用来整理思路的关联笔记直接作为策划书内容的例子。到现在为止，我已经有超过100次直接使用关联笔记进行演示的经历了，而且每一次都收到了"简单易懂"的好评，将策划案内容顺利地传达给客户。因为关联笔记可以整理自己的思路，同时也能帮助对方整理思路。除此之外，还能让客户更容易接受策划案。关联笔记既是自己优秀的思路，而且还能成为非常优秀的策划书，顺利得到对方的理解。

关联笔记是应用型笔记术，所以需要花些时间去习惯。不过这种笔记术没有必须遵守的规则，可以只是按照自己的习惯关联内容。用"→"连接起来，只需做到这一步，就能在自己脑海中构建逻辑，找到主题与结论、原因和结果、信息和创意。如果你感到一项课题很难，就请试着用"→"来连接吧。这种方法真的很有效。

接下来，我将为大家介绍一种创意笔记，这是我非常喜欢的笔记——逆向思维笔记。

逆向思维笔记：困惑的时候，逆向思考吧

　　这是当你不知道该做什么，或者想找到真正有效的答案时，可以派上用场的笔记术——逆向思维笔记。这种笔记术可以从与大家相反的方向进行思考，也就是说不采用"原因→结果"，而是采用"结果→原因"的思路。完全是借用逆向思维式思路的笔记术。或许听起来有些不好理解，其实就是你通过想象"竞争对手不希望我们做的事情""一般情况下不会去做的事情"，并且进行尝试，找到崭新答案的创意笔记。

　　一般情况下，为了在工作中取得成果，你需要收集必要的信息，思考战胜竞争对手的方法，通过广告宣传自家公司的优势，展现品牌的优点，呼吁用户购买。当然，在一般情况下，确实应该使用这种正面进攻的方法进行思考，不过当正面进攻的方法无论如何都无法解决问题，或者无论如何都得不到进展时，你可以试着反过来思考一下怎样……这就是逆向思维笔记的思路。例如：

　　● 不考虑公司应该做的事情，而是考虑竞争对手不希望你做

的事情。

- 不考虑公司能够实现的内容，而是考虑如果被别的公司抢先，你会不甘心的事情。

- 不要考虑有什么好处，尝试思考虽然会有损失，但是你会感到开心的事情。

实际尝试过就会立刻注意到，比起正面进攻的方法，从反面开始思考要容易得多。就算你想不出来自己的公司应该做什么，也能轻松想象出竞争公司不希望看到的事情。虽然真正思考很难，不过使坏的方法要好想得多。这就是人性。逆向思维笔记正是根植于人类本性的构思方法。

接下来，让我们看看逆向思维笔记的实际应用场合吧。

先在笔记本上写好标题。比如，"虽然会有损失，但是会感到开心的事情"。然后，再写出大量通过主题能够想到的事情。这份清单很重要，所以请你尽可能地多写一些。

让我们根据实际事例来思考吧。假设你的公司是A公司，请尽可能多地想出可能引起竞争对手公司（B公司）不满的事情。然后，请你再想出A公司应该做的事情。

你只需要进行逆向思考，就会出现各种各样的视角。重要的是发现只能通过逆向思考才能得到的创意。只需要从"获取利益"和"战胜竞争对手"的角度出发，你就能想到很多以前没有

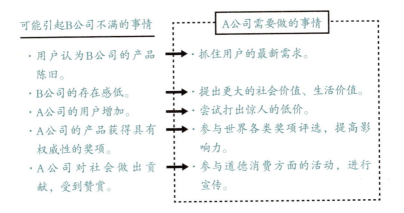

注意到的内容。

当然，上文中举出的例子不过是普遍事例，作为创意尚且过于笼统。不过在实际工作中，你可以使用逆向思维笔记得到很多有效的创意，至少可以在你不知道该如何是好时，激发新的灵感，指引自己。

未来也许在相反的方向

我经常听说"操盘手有时会反向操盘"。例如操盘手在股价下跌时购入，上涨时卖出，这就是反向操盘行为。这是非常大胆的行为，不过我认为，现在的人们不会选择的方向，也许是未来的方向。

我认为商业市场同样如此，而且创意也不例外。现在流行的事物也许很快就不再流行。以流行的事物为基础，开发相似的产品自然容易，可是过不了多久，市场就会厌倦。所以就算赶上了最后一波潮流，也不会特别流行。这时，我们需要的就是逆向思维式的思路。

就像上文提到的操盘手的例子那样，有时我们需要出其不意。有太多例子证明这样的思路能够成为企业里和市场上的突破。下面我为大家简单介绍一下。

"针对目标用户，可以从他们此前不喜欢的事物开始思考。"

这是逆向思维式观点之一，从目标用户不喜欢的事物的角度出发，设计产品，是非常需要勇气的事情。

我想有不少人会怀疑，这种事情能成功吗？实际上，这种类型的成功事例有很多。比如"咸味冰激凌"等食品就是利用逆向思维想到的。在各种领域从反向开始思考，也许能想到有趣的点子。在一定程度上，逆向思维方式也改变了我们的社会。

当然，利用逆向思维开发产品，需要我们做出充分的调查和研究，确保没有过多弊端之后再引入市场。努力和勇气，能成为推动公司前进的巨大原动力。逆向思维是为了突破现状而出现的，划时代的思维方式。

又例如，当"公司应该做什么"的问题很难思考时，可以想象"做什么事会让人们生气",然后去做与之相反的事情。举例来说,因为人们不能破坏环境,所以要环保。更进一步思考,因为大量排放废弃物是糟糕的公司行为,所以与之相反,公司可以尝试是否能够达成"零排放"活动。

2009年,我的前辈木村健太郎实施的"索尼旧牛仔裤回收项目"(Sony Recycle Project Jeans)就是在广告领域将逆向思维式观点付诸实施的案例。那是将索尼做广告用的帷幕回收利用,做成牛仔裤出售的项目。不仅牛仔裤本身大受好评,甚至还处理了广告幕布这种丢弃之后不再有用的废弃物,给索尼的环保宣传做出了巨大贡献。这个创意完全是想到了"绝对不能做的事情的反面",是超越常规的优秀创意。

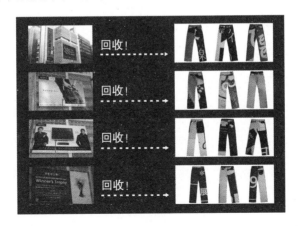

索尼旧牛仔裤回收项目

还有另一条思路,即我们"不要考虑有什么好处,尝试思考虽然会有损失，但是会令人感到开心的事情"。下面我将为大家介绍一个这种逆向思维的例子——熊本熊（Kumamon）相关产品。

熊本熊在日本畅销的原因有很多，我认为其中之一是允许商家免费自由地使用角色形象。这个创意其实源于美国纽约的一次旅游活动"我爱纽约"（I LOVE NEW YORK）。该活动的标志使用权的一部分向大众开放，所有人都能随意使用。

于是，日本熊本县模仿了这种方法。"熊本熊"这个可爱角色可以免费自由使用相当令人震惊。角色形象在商业上本来是靠收取使用费运营的，可是熊本熊的使用费为零。市场欣然接受，让熊本熊的形象迅速传开。结果，因为没有收取使用费，所以熊本熊的形象被大量商品化，熊本县的旅游收入增加，顺利达到了宣传熊本县的活动目的。

熊本县利用逆向思维，取得了巨大的成果。实际上，这种思路在想不出具有突破性的创意时，真的能派上用场。因为这是舍弃收益的思想，是在受损的基础上获得收益的方法。希望大家可以将这种视角纳入自己的思路中。我想，一定会诞生出有趣的发现和突破。

另外，这些逆向思维的秘诀其实就在笔记中。因为大家平时习惯直线思考，所以如果只是在脑子想想，很难变成逆向思维。

正因为如此，你才需要一边看着笔记，一边逐渐让自己变成逆向思维。你还可以养成习惯，每天稍微抽出一点点时间用逆向思维观察社会，将想到的事情记在笔记上。这样就能习惯逆向思维，想到有趣的创意。

逆向思维笔记对引出创造性的想法非常有用。这种划时代的笔记术只需要我们进行逆向思考，就能发现新创意。请大家一定要试一试。

到此为止，我已经为大家介绍了六种创意笔记。思考创意不是难事，而是令人愉快的。这是一门技术，任何人都拥有创造性思维。只要使用这门技术，任何人都能想到高精度的创意。实现这件事的，就是"未来笔记"的第二种——创意笔记。

下面让我们进入下一章。下一章将要介绍的是，将想到的事情更好地传递给他人的笔记术——传达笔记。

专栏 一场会议十条笔记

有时，人们会"三天打鱼，两天晒网"，人们总是会在开始时特别努力，而后却无法坚持。因为就算脑子里有各种想法，你还是会觉得做起来太麻烦。要想坚持下去，最重要的是做起来简单。目标是减小负担，增强效果，做笔记同样如此。如果什么都想记，想做出完美的笔记，就会一下子变得困难，导致无法坚持。"未来笔记"中重要的是坚持。只有坚持下去，你才能在未来遇到更多的信息，在工作中拿出更好的成果。接下来，我将为大家介绍不用过分努力的做笔记方法，即一场会议十条笔记法。

顾名思义，就是每场会议只记十条笔记的方法。当然，可以比十条多也可以比十条少，十条只是一个大致标准。如果你只记十条，是不是就不那么辛苦了？一旦定下十条的标准，我们就能集中精神，思考应该记下哪些内容，从而更认真地倾听会议内容。

　　一场会议十条笔记。请大家一定要在下次开会时尝试实践。

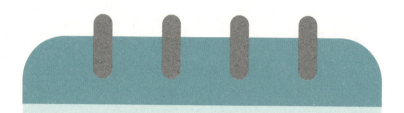

专栏　利用笔记崭露头角的方法1：聚餐三笔记

假设你在与领导、客户为讨论工作而聚餐。比自己职位更高的人说了重要的话，或者有用的内容，可是到了第二天，却什么都记不住了……大家有没有类似的经历呢？

据说，就算听的人记不清内容，七成以上说话的人依然能记住自己说过的内容。也就是说，职位高的人还记着自己说过的话，我们作为听者却彻底忘记了。这真是太可怕了。在这种情况下，我想为大家推荐的是"聚餐三笔记"。

只需要三条就可以让我们养成记录对方说过的话的习惯。可以当场记录，也可以结束后记录，只要在还能记住内容的时候记上几笔就好。这样一来，就能在第二天发送感谢邮件时加入对方说过的内容，给对方留下好印象。

在聚餐时做笔记本来是一件有些奇怪的事，不过只要说一句："您说得太好了，我可以记下来吗？"不光不会让对方心里不舒服，还会让对方感到开心。

　　这就是"聚餐三笔记"，是大家可以马上着手尝试的笔记术。

第 3 章

传达笔记

更好地传达，更加简单易懂，利用笔记推动他人的三种方式。

传达需要技术

前文中我已经为大家介绍了总结信息的笔记术，以及制造创意的笔记术。接下来，我将为大家介绍的第三种笔记术是传达笔记术。

从"告诉"到"传达"

20多年前，我就开始重视传达。其实如果采用"告诉"的态度，大多数情况下，说话者和写作者会单方面地将信息强制性地告知听众。有时，说话人不在意听众的理解，只完成了"告诉"这一步，造成听众难以理解。与此相对，了解对方，思考如何才能让别人更好地理解，在此基础上遣词造句，使用图片和插画，用心传递出的信息才是"传达"。其实，前文中介绍的笔记术同样是以"传达"技术为基础开发出的。

我想表达的是，将信息传递给他人，需要各种各样的技术。这些技术是信息的预处理。也就是说，总结笔记和创意笔记中提到的方法正是将信息传达给他人所需要的技术。

下面，让我们进入传达笔记术的内容。我们的工作不是独立完成的，需要领导和下属、同事和朋友、客户和相关人员等周围人们的合作才能完成。正因为如此，意见沟通非常重要。只有传达出自己的想法，才能很好地完成工作。

大家已经通过总结笔记学会了总结简单易懂的信息的技术，也通过创意笔记学会了制造创意的技术。使用这些技术完成的笔记，会让工作大不一样。其实，只要将两种笔记拍照发给团队和客户，就能充分达到效果，就像我年轻时看到的笔记一样。虽说如此，这一次为了让大家更好地传达出自己的想法，我还是准备了几项传达笔记术。这是自己作为传递者完成的三种传达笔记。使用这种笔记术，可以更深入、更有趣、更准确地传达自己的想法。

下面，我来为大家介绍能更好地传达自己想法的笔记术——传达笔记。

标题笔记：一句话就让大家想看笔记

目录

大家一定有过被标题吸引，产生兴趣的经历吧。你是不是会情不自禁地好奇"这到底是怎么回事"，想要看看内容。有了标题，就会激发想象，让人想看下去。

笔记一般是为自己而写的，所以原本不需要像杂志文章一样的标题。可事实并非如此。因为有了标题，人们会对笔记产生兴趣，生出想更加了解这份笔记的心情。哪怕看笔记的是未来的自己，产生兴趣依然很重要。而且因为标题会让笔记读起来更有趣，所以还能够激发想象力。给别人看的笔记更不用说。比起不想看的笔记，想看的笔记绝对要更好。

标题有简单的写法

本书的绪论中写到的"笔记年月日"，就是标题笔记的例子之一。就算只写上"笔记年月日"，也能发挥出作为标题的效果，不过如果再花些功夫添上标题，就更能吸引人们的兴趣，成为让人更想阅读的笔记。

那么，我马上来为大家介绍标题笔记的写法。先从基本形开始。

"笔记年月日+委托内容+与会人员"。

这就是基本形，内容可以直接作为笔记的标题。例如：2016-04-10/××贸易公司/××产品开发/部门经理、科长。只看见标题，就能知道笔记的内容和与会人员，因此笔记会更方便使用。如果再加上一句会议中的发言，效果会更好。只需加一句话，就能大幅度提高临场感，让普通笔记变成有趣的笔记。

举例来说，让我们试着加入部门经理的一句话。

2016-04-10/××贸易公司/××产品开发/部门经理、科长。

"所以说，要更加重视……啊！"

你看，只是做了这一步，就增加了笔记的临场感。加上这个标题，就会吸引别人的注意，让大家想要看到笔记的内容。做好这一步的窍门是使用尽可能真实的发言。因为真实发言更能增加临场感，能唤醒更加清晰的记忆。除此之外，你还可以写上当时产生的发现。

2016-04-10/××贸易公司/××产品开发/部门经理、科长。

"20~30岁的年轻人常听的竟然是流行歌曲！"

这种方法也能够让笔记立刻表现出开会的主题，让记忆变得更加清晰。看笔记的其他人也能够一目了然，知道重点在哪里。

当然，还可以写上下次开会前需要解决的问题，以及下次会议要讨论的主题。

2016-04-10/××贸易公司/××产品开发/部门经理、科长。

"下次开会前要画好路选图。"

这句话同样可以用第1章总结笔记中介绍的文字泡形式表现，不过如果作为标题，可以简单易懂地向更多人传达需要解决的问题。

应该有不少人在想："等一下，这不是标题吧？"这确实不是像杂志中出现的那种标题。可是却能够充分发挥作用。既能够像标题一样引起人们的兴趣，而且只是因为有了标题，就能让笔记更方便使用。

让标题更加打动人心

上文为大家介绍了功能型的标题范例，其实如果你能写出更新颖且凝练的标题，会更容易将信息传达给读者。另外，新颖且凝练的标题之后还能用作策划书的题目，或者公司内部文件的页眉，非常方便。实际上原本需要在之后冥思苦想的策划书题目，有时在做笔记的阶段会更顺利地浮现在脑海中。

那么，要如何才能写出新颖且凝练的标题呢？其实在大家常见的网络热门话题上就能得到提示。很多热门新闻的标题都很简洁。也就是说，人们习惯看到的标题都很简洁。下面我将为大家介绍写出好标题的奥秘。

写标题只需要包括以下三点：

（1）地点和原因。

（2）人或物。

（3）行为。

将这些因素组合起来，仅此而已。比如：

部门经理/在开会时/敲桌子。

开发新产品/面向目标用户/几项方案。

用饮品/让目标用户/获得幸福。

加入以上标题，就能写出像下文那样的笔记。

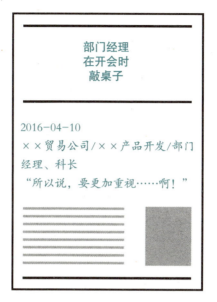

怎么样？虽然有些像打油诗，不过让笔记有了生命。

这份笔记是不是让人自然而然地产生了亲切感，觉得很有趣？未来回过头来看时，或者给团队的伙伴发邮件时，当时的气氛一定会重新浮现在脑海中，让大家更想看看这份笔记。这种临场感在"未来笔记"中非常重要。只是增加了临场感，就能让我们回忆起各种各样的事情，让思维更加鲜活。只要有了充满临场感的标题，笔记就会产生临场感，能让团队伙伴和客户看到更容易理解，更能让人产生兴趣的笔记。

这就是传达笔记的第一种——标题笔记。这种笔记术只需创作标题，就能让单纯的文字排列变成令人兴趣盎然的内容。只需增加简单的标题，就能让看笔记的人感到快乐和有趣。

正如前文中所说，人的大脑在遇到愉快或者有趣的事情时，思考能力会提高。所以哪怕只是进步了一点，有趣和愉快都很重要。只需增加标题，就能让笔记变得更加令人愉快，让人回忆起各种各样的事情，工作需要的创意也更容易涌现。

下面，让我们进入第二种传达笔记，就是诉诸视觉，传达更简单、更明确的信息的图画笔记。

图画笔记：用图画表示复杂的内容

　　第2章创意笔记中提到的漫画笔记，是让人将头脑中混乱的内容用插画和台词呈现出来，目的是让人通过看笔记上的漫画来整理思路，用视觉化的信息想象目标。使用这种笔记术，会更容易想象出什么人、在什么地方、该如何做，从而产生更有创造性的想法。比起文字信息，加入视觉信息的内容更容易激发人的想象力。照片、电影、漫画等形式能更大限度地引出这种效果，是唤起更深刻的共鸣以及想象力的好例子。其实，产生这种效果的重点在于视觉，而使用视觉效果来传达信息的正是图画笔记。

　　上文中我写到了"未来笔记"的作用之一是通过将混乱的信息进行整理并且形象化，可以让人更顺利地理解。经过这两步之后，任何人都能轻松理解，并且愉快思考。

　　我将为大家介绍的图画笔记在整理和形象化的笔记术中，也属于非常有条理的方法。图画笔记将信息和内容形象化地排列起来，使用这种笔记术，哪怕是乍一看令人一头雾水的"数字罗列"和"专业名词组成的概念"，也能被整理成简单易懂的形式，让所有人都能轻松理解。

比起讲道理，让我们用实际的图画笔记来说明吧。

图画笔记有以下三种。

（1）大小图。

（2）设计图。

（3）关系图。

让我们从"大小图"开始说明。

大小图

很多事物都有大小。除了物理层面的长短，工作项目也存在重要程度层面的大小。可是，重要程度和存在感的大小难以用文字来表现。如果实在想通过文字表现，只能加上"重要"这两个字。可是如果用视觉形式表现大小，更能让人一目了然。

举例来说，请大家看下图。只需要看图，就能明白，对于图中人物来说，A公司比B公司更重要。

利用视觉上的大小，能让人直观感受到原本难以表现的事物的差异。所以，我们平时的工作中需要处理的数字，比起直接以数字的形式呈现，画成图会更加清晰，让人直观感受到数字的规模。因为将数字这种用文字信息展现的内容，换成用大小展现的

视觉化信息，能让规模和比例更加清晰，也更让人安心。

　　我给大家举个例子，是日本人在家里常喝的啤酒品牌的调查结果。排在前五位的品牌及其样本占有率分别是：极度干燥（Super Dry）啤酒，42.8%；麒麟一番榨（Kirin）啤酒，17.5%；三得利神泡（The Premium Malts）啤酒，15.5%；金麦（Golden Wheat）啤酒，14.4%；惠比寿（Yebisu）啤酒，9.8%。从文字和数字来看，人们很难切身体会到多少。

　　那么，让我们做成大小图的一种——饼状图吧。

　　像下图那样用面积具象地表现数字，我们就能看出，极度干燥品牌的强大。如果更加深入地思考，就能直观理解到如果三得利神泡啤酒要在未来超过极度干燥啤酒的销量，必须要将销量提高到近3倍……

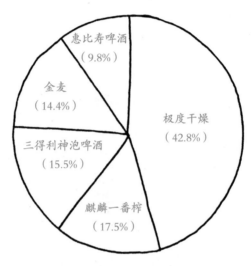

资料来源：《篮天下》（DIME）网络调查。

对于突破现状来说，直观理解非常重要。因为切身感受到信息之后再进行思考，更容易想出正中靶心的创意。相反，如果只关注数字，你就有可能变成仅仅在玩堆积数字的数字游戏，陷入只要有干劲就能做到的错觉。可以说如果没有直观理解，会导致我们强行找借口，认为总会有办法。重要的是在视觉上切身感受到真实数字的大小。有了直观感受，我们才能诞生出真正必要的创意。我认为这是推动工作的有效手段。

正如上文所说，这种方法不仅适用于数字，还适用于我们衡量工作的重要程度和在心中的重量。比如我们为现在手头的工作加一个重要度，就能看清在自己脑中搅成一团的工作的重要程度。

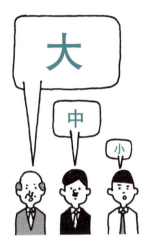

正如大家看到的那样，难以想象的重要程度和规模可以用大小图简单地呈现出来，成为推进创意构思和策划进展的指针。请大家一定要尝试一次。接下来，让我们进入第二种图画笔记——设计图。

设计图

万事万物都存在联系。比如社会新闻会催生新产品，新技术会带来新的解决方案。从过去的成功中学到的方法可以挑战未来，社会中掀起的新风潮会引发新的变革。

没错，万事万物都连在一起，相互关联共同存在。不过，如果将它们的关系用文字表述，依然会难以理解。例如A技术和B技术带来了C优点，这项优点创造了D产品……就算这样表达，也需要人们花时间理解。因为人们很难想象出四者之间的关系。这里就轮到设计图出场了。

设计图是将相关的事物想象成一栋建筑，排列在一起的图画笔记。通过将各种各样的信息想象成单纯的建筑，你就能明白相互之间的关系，轻而易举地理解其中的重要部分。选择使用建筑的形状，是因为大家比较容易想象建筑的结构。建筑有墙壁、有柱子……将这些概念带入事物的关系中，事物间的关联性和重要程度就会变得简单易懂。例如开发新产品时，如果分别介绍产品

使用的技术和新功能，就会让人难以理解，而如果用设计图进行视觉化呈现，就能更迅速、更深入地传达"使用这项技术达到了这项功能"的信息。

设计图不仅能在团队内共享信息，而且还是能够应用在方案介绍时的笔记术。为了让大家更深入地理解设计图，下面我举一个例子来为大家说明。

主题是近年来较为流行的爱彼迎[①]（Airbnb）平台。作为代替酒店的划时代住宿网站，爱彼迎大受欢迎，不过要想为不了解这项服务的人介绍它的流程，依然有些困难。于是，我打算用设计图为不了解这项服务的人进行简单易懂地介绍。在此之前，我先用文字向大家说明。

爱彼迎提供将非酒店房间以酒店租住的形式供用户短期使用的服务。租户是想要在网站上找到想把房屋租出去的人，而房东是想要把房屋租出去的人，爱彼迎服务的基础就是连接这两项需求。重要的是"面对面交易很麻烦"，而爱彼迎以网络为媒介，将这份麻烦和不安消解了。

想要把房屋租出去的房东可以免费在网站上传自己的房屋

---

① 爱彼迎：一家联系旅游人士和家有空房出租的人的服务型网站，可以为住户提供多样的住宿信息。——编者注

照片。用户可以在浏览、预约、交流后完成预约。这时，用户不用负担任何费用。也就是说，从浏览到预约，用户不需要花费任何费用。爱彼迎会在用户实际住宿完成后，向用户收取房租的6%~12%，再从房东处收取房租的3%，作为代理费来维持运营。

怎么样？虽然文字描述已经相当简单易懂，可是尽管大家明白了这项服务的概念，可是金钱的往来和整体结构依然不容易理解吧。那么，请大家看看下面这张图。

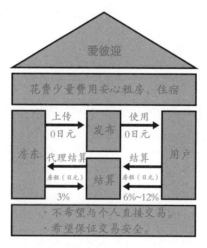

怎么样？是不是一眼就能看明白流程、需求和资金流动的方式？以需求为地基，将优势写在屋檐上，就能充分理解需求和解决方式。另外，把房东和用户作为墙壁，将他们之间的金钱往来写在"房梁"上，就能顺利地理解资金的流动方式了。

通过视觉呈现，让人们能够想象出事物的结构，可以直观理解复杂的内容。听到这样的说明，房东和用户都会比较容易理解。顺带一提，在写这样的设计图时，不要设计得过于复杂，像例子中的"资金流动"一样，选择简洁的主题进行思考，会更加简单易懂。

下面，让我们进入图画笔记中的关系图。

关系图

请看下两页的两幅图。

一幅是福冈县的关系图，另一幅是广岛县的关系图。将两个县的居民听到地名后浮现在脑海中的内容画成图，展示出词语的关系。越靠近中央，说明提到这个词语的人越多。线越粗，表示关系越紧密。

看到这幅图，就能发现福冈的中心是"美味"，广岛的中心是"宫岛"。这就是住在当地的人对当地印象最深的事情，同时也是他们的骄傲。有趣的是，两幅图中出现的地名、知名产品等都体现出地域性。到了博多，当地人都会说"这里是适合居住的城市"，当然，这句话也表现在了图中。在广岛，果然要提到

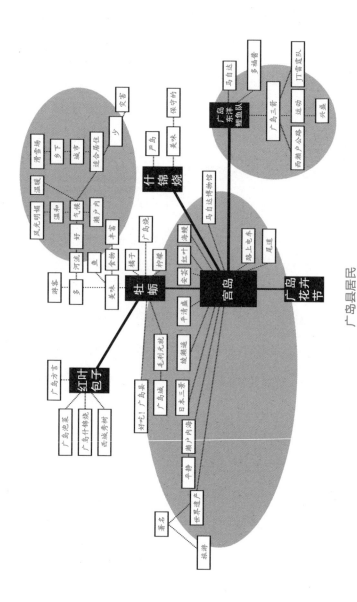

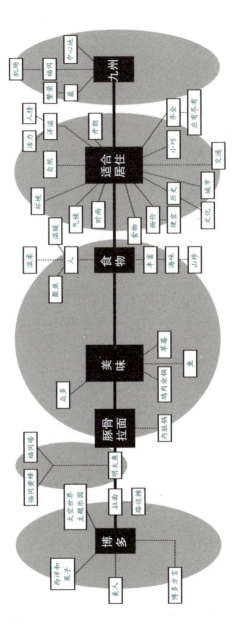

福冈县居民

"广岛东洋鲤鱼队[①]"。

意外的是，广岛县居民推荐的是"宫岛"，而不是"什锦烧"或者"牡蛎"，让人有些惊讶。另外，福冈作为"旅游景点"的印象很弱，或许可以成为人们此后开发项目的重点。人们对广岛"适合居住"的印象较弱，可以看出居民满意度会成为话题。

用了关系图，我们能简单地理解现在的地区品牌印象和主题，还可以掌握各个项目之间的联系，能够总结出与提高地区品牌印象强相关的项目进行宣传。通过了解印象的深刻程度和关联，达到促销和强化品牌形象的效果，这就是关系图的效果。如果用在新产品的印象调查中，就能一目了然地看清本公司的产品与竞争对手的产品之间的关系，以及自家公司的强项和弱点。无论是小商店还是大品牌，只要利用关系图，所有人都能轻松掌握现状和主题。

接下来，我来为大家介绍如何制作关系图。首先围绕主题收集意见，将被提到最多的意见写在正中央，在周围写上与它有关的内容。然后用较粗的线条连接关系紧密的内容，用较细的线条连接关系不太紧密的内容。例如，请看涩谷关系图中印象的相关性。先收集人们听到涩谷后想到的词语，并把它们安放在

---

① 广岛东洋鲤鱼队：日本职业棒球联盟球队之一。——译者注

图中。

　　如果提到"涩谷""年轻人""车站""中心街道"的人比较多，就在正中央用比较大的方框写出这些词语。然后，我们通过不同粗细的线条连接相关项目。这样一来，就能看出与这片地区关联紧密的内容了。如果与"年轻人"相关的地名中出现了"代官山"，就在"年轻人"的旁边记下，然后继续写下与"代官山"有关的词语……

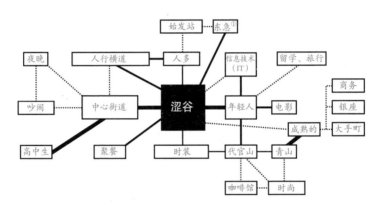

　　从这幅图中可以看出，尽管代官山会给人"时尚""咖啡馆"等印象，但是这些印象在涩谷并不强烈。如果继续写下去，就能完成一幅清晰地表现出涩谷的强项和弱项的图。如果将这幅图用在商业中，应该会产生各种各样的效果。当然，这只是其中

----

① 东急：东京急行电铁公司的简称，是日本大型私营铁路公司。——编者注

的一个例子，如果用这种方法做出美食、化妆品、餐饮店等的关系图，就能得到有利于开发的启示。

关系图可以在市场调查的基础上，将数据进行精密的整理，也可以在开团队会议时，用会议中出现的众多词语制作，效果同样不错。我经常在店铺开发时使用关系图，制定开发概念。

当然，如果只用文字表现关系图，那么关系图会让人非常难以理解。"它和它有关，它和它无关……"，就算写下这些内容也会令人一头雾水，只是难以理解的信息集合罢了。在关系复杂的情况下，重要的是视觉化呈现，通过图画让别人理解。这样一来，就能将相同的概念和目标传达给周围的人。

大家觉得这三个图画笔记如何？每一个都能将复杂的信息图像化，用简洁的方式传递信息。因为图画笔记能瞬间传达自己的想法和复杂的信息，所以请大家一定要尝试一下。

那么，第二种传达笔记就为大家介绍到这里。接下来，我将为大家介绍的传达笔记，是在演讲时能派上用场的笔记术，那就是演讲笔记，能够让任何人在不看稿子的情况下顺利完成演讲。

演讲笔记：不念稿，面对观众讲话

这样说或许有些突然，其实演讲的关键就在书名中。书名的作用究竟是什么？书名原本是用来增加作品魅力的，不过，实体书店和线上书店也会将书名当成宣传语，用意味深长的词抓住偶然看到一本书的人的目光。

不过，让书引起人们的兴趣看起来简单，要想实现却并不那么容易。这是为什么呢？因为会有人只是因为书名表现出了书中的内容就买下。但要想卖出更多的书，就必须让原本没有兴趣的人产生兴趣。所以书名中使用了各种吸引人的方法，也就是让兴趣显现的方式。

人在产生兴趣时，会问"为什么"

"竹竿店为什么会消失？"

"为什么有的人喜欢打高尔夫？"

"为什么社长的车有四个门？"

人的兴趣在于疑问和解决之间。"为什么会这样？……对了！"二者之间会产生兴趣。也就是说，"为什么"是人们在产生兴趣时，会最先说出口的话。"为什么太阳那么明亮？""为什么1+1等于2？"以"为什么"开头，人们就会情不自禁地产生兴趣。用"为什么"作为书名，能够让没有兴趣的人多看一眼。

另外，还有其他能让人的兴趣显现的方法，这就是呼应。下面这句话是曾经成为日本的一种社会现象的杂志的封面标题（*BRUTUS*，1996年8月15日、9月1日合并刊）。

"你看过维米尔吗？"那是画家维米尔的特辑，在当时的日本，维米尔还是一位在普通人中间并不知名的画家，不过这个标题很有冲击力。当时，我偶然在书店看到了这个标题，因为被问到了"你看过维米尔吗"，于是情不自禁地产生了"没看过……看看比较好吧"的想法。这就是呼应，即提问与应答。

人一旦听到提问，就会下意识地想要应答。例如，有人问了一句"各位喜欢喝啤酒吗"，那么喜欢喝啤酒的人心里就会想"有什么事吗"；有人问一句"你知道第三波咖啡吗"，我们就会开始思考"不知道，了解一下比较好吧"。

2014年，东京安达仕酒店在东京举办开张活动时，我将呼应手法用在了广告相关的工作上。安达仕酒店在全世界已经打出了名气，但是在日本的知名度并不高，这就是需要解决的问题。于是，我使用呼应手段发出了提问，问题就是：

"你知道ANdAZ吗？"

结果马上引起了反响。社交软件上的信息开始增加，"是什么啊""不知道，不过我挺感兴趣的""我查了一下"等，还有不少媒体记者前来咨询，大家都产生了兴趣。听到提问就会想要回答，或许这是人类的本能。请大家一定要尝试。

标题中有数字能增加销量

让兴趣显现的另一个强大武器是数字。你只要走进日本的书店，一定能看到有数字的书名。

不知道为什么，人只要看到数字，就会觉得它很重要，从而想要了解数字的含义。数字是能够打动人心的魔法词语。除此之外，还有几项能让图书畅销的书名法则。例如，"只有……才知道"的格式，同样出现在很多畅销书的书名上。还有"虽然……不过试着……"的书名同样会引起人们的兴趣，因为会让人们产生能够简单地了解某些事情的感觉。

我在第2章障碍笔记中也介绍过，"这真的（能实现）……吗"的说法对于打造畅销书同样有效。除此之外，还有很多畅销书的起名法则，大家可以尝试调查一下，会很有意思。

列举书名的演讲

这一章的话题是演讲笔记。在本章的开头，我提到，这是能让大家脱稿演讲，以及让演讲顺利进行的笔记术。可是我一直在说有关书名的话题。我想大家应该已经明白了，为书起名的方法在演讲上能起到帮助。

演讲时，重要的是面对不感兴趣的人，引起他们对演讲内容的兴趣。其实这与书名的作用相同。另外，演讲时，如果演讲者能找到脱稿的办法，那是最好不过的了。演讲笔记能同时实现两件事。这个笔记术能让我们不需要看手头的稿子，还能引起听众的兴趣，不断帮助我们想起之后要说的内容。

下面，我将为大家介绍演讲笔记。演讲笔记的用法很简单。我利用此前为大家介绍的书名的起法，写出几句话。

让我们试着用流行词"极致普通①"（normcore）来制作演讲笔记。

那么，大家知道"极致普通"吗？其实这是日本时下的流行词之一，很有可能出现在会议或者演讲的标题中，不过就在不久前，我还完全不知道这个词。但是没关系。就算是不了解的词语，也可以使用畅销书的起名法则，完成让大家想听下去的演讲。

- 你知道"极致普通"吗？

- 为什么"极致普通"产品能够畅销？

- "极致普通"的好感度超过九成。

- 了解"极致普通"的10个习惯。

- 只有大学生知道的"极致普通"法。

- "极致普通"真的能让未来更加富饶吗？

---

① 极致普通：一种穿衣风格，指将常规的东西无限推向平庸，从而变得硬核。——译者注

大家是不是感到"极致普通"已变成必须了解的概念？而且会有很多人想去查一查"极致普通"。演讲笔记的效果就在于就算听众不知道你将要讲到的词语是什么意思，也会在几分钟之内对未知的内容感到好奇。

上文中我提到了可以做到不看稿就吸引听众的注意。因为只要上文中的笔记在画面上一一出现，我们就能不依靠手中的稿子，根据笔记上的内容引出话题，说出自己的想法。例如，当画面上出现"你知道'极致普通'吗"的时候，可以用"大家知道吗？其实我以前也不知道……"来引出下面的演讲内容。出现"为什么'极致普通'产品能够畅销"的时候，可以为大家解释"其实原因在于……"。这种方法当然需要练习，不过以演讲笔记为线索，就能和听众保持同步，从而更容易传达信息。重要的是以下三点：

（1）用和书名相似的内容作为演讲笔记，可以吸引人们的注意。

（2）画面上每次只出现一行笔记，看着笔记讲述。

（3）和听众保持同步，为他们解决疑问。

一开始可以直接使用书名的格式作为笔记内容，我想演讲和会议的气氛会出乎意料的热烈。

下面，我将为在思考"极致普通究竟是什么"的读者进行简单的说明。极致普通是一个日本时尚界的用语，指的是像名人一样每天穿同样的衣服，反而显示出个性的风格。现在也会用在生活方式和经济领域，是象征时代的词语之一。以后如果有人问大家"你知道极致普通吗"，大家就能回答"知道"了吧。

有了一行标题，就更容易发言

当然，演讲笔记也可以用在结婚典礼等场合的发言中。如果有大屏幕，我们就可以让内容在发言过程中一行一行出现，就能活跃气氛。如果没有大屏幕，可以在手边准备小卡片，会让发言更加简单。

假设有一位名叫山本贵文的人要结婚了，你突然接到演讲的邀请，让你讲一讲山本贵文的为人，那么你可以先问出"你了解山本贵文吗？"这句标题。有了标题，就能以此为契机轻松地说下去，听众也更容易投入。

山本贵文为什么决定结婚？

→"为什么呢？先从你们的相识开始说起吧。"

结婚，山本贵文的原因占了九成

→"大家是不是在想这个标题是什么意思？其实，这次结婚，有九成是出于他的意愿……"

只有大学生了解的山本贵文

→"那么，让我们听听在他周围的大学生口中，他都有什么样的魅力吧……"

山本贵文要开始培养10个习惯

→"以结婚为契机，他要开始培养10个习惯。比如……"

山本贵文真的能让未来更加美满吗？

→"关于这个话题，他的朋友们开了一次座谈会。这是当时的视频……"

就像这样，模仿书名写下一句话，作为开启话题的契机。使用简单的方法，你就能活跃现场的气氛，而且比起什么都没有准备的情况，发言会变得容易得多。只需要稍微熟悉熟悉，就能做到不看稿子，配合现场气氛推进话题。

另外，有了书名作为范例，任何人都能轻易写出标题，而且如果你能引用畅销书的书名，就能引出一个小小的话题。仅靠这一点，就能让演讲显得更加专业，更重要的是能够让自己放松。

我们需要做的只是事先准备几张笔记，就能活跃演讲的气氛，何乐而不为呢？请大家一定要尝试一次演讲笔记。

到此为止，我已经为大家介绍了三种传达笔记，能够帮助大家用笔记更好地传达信息。只要大家能体会到一点点效果，就是我的荣幸。

"未来笔记"——超级笔记

这就是14个超级笔记的世界，大家感觉如何？

总结笔记、创意笔记、传达笔记分别有各自的作用，而且能让大家用简单的方法感受到效果。我为大家介绍的14个笔记术都是根据自己的经验总结出来的，也是曾经帮助过我的"未来笔记"。

"未来笔记"拥有总结信息，激发创意，传达内容的作用。而且能让工作更加愉快，提高效率，唤醒大家的能力。只是笔记而已，可又是超级笔记。

刚开始做"未来笔记"，或许只能看到人生中微小的变化，不过它一定拥有能大幅改变你今后的工作和人生的力量。请大家一定要掌握这本书中介绍的未来笔记，激发出自己身上了不起的超能力。14个笔记术将带你走进新世界。

最后，我希望以我与我敬爱的小说家——伊坂幸太郎的笔记谈话作为本书的结束。

下面，请大家欣赏第4章——达人笔记。

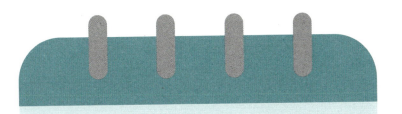

专栏　利用笔记崭露头角的方法2：
做名片笔记

　　名片很重要。决不能在名片上乱涂乱画或者折叠名片……不过，在收到的名片上简单写几个字，就能成为非常重要的话题工具。

　　接到名片的时候，我们要小心地收起来，事后在名片上写下当时谈到的话题和名片主人的特点。如果日后要再次与名片的主人见面，就能事先看看名片，提起接过名片时谈过的话题，就能让对方感到惊讶，并且对你给予好评。这项笔记术还能通过创造与对方之间的关联，帮助我们记住对方。

　　虽然在名片上写字有些不礼貌，不过还请大家睁一只眼闭一只眼试试看，如何？

海川波男

喜欢冲浪

第 4 章

达人笔记

拜读达人的笔记术，工作能力强的人有自成一派的笔记术。

畅销书作家在笔记上写了什么

　　我此前遇到的人中，可以说工作能力强的人一定会用到笔记。他们每个人都有自己独特的做笔记的方法，能帮助他们完成自己的工作。有的人做笔记是为了整理信息，有的人做笔记是为了选择信息，有的人做笔记是为了激发创意，还有的人做笔记是为了平复心情、记录想法，甚至有人会持续记录电影中的情节。笔记的世界越了解越深奥，而且很有趣。每次接触到人们不同的个性，我都会感受到笔记拥有的广阔可能性。

　　接下来，我将向大家展示我和一位我非常喜爱的作家，也是我的好友——伊坂幸太郎的访谈。伊坂先生是我遇到的笔记达人中，做的笔记格外有趣的一位。"我不做笔记，可是如果不用笔记就写不出小说……"他说这句话的真正意思是什么呢？让我们来一窥伊坂幸太郎的笔记术和他的大脑吧。

创意是组合出来的

小西利行（以下简称"小西"）：我和伊坂先生认识很多年了，不过做正式访谈还只有两次。我有些紧张，还请多多指教。

伊坂幸太郎（以下简称"伊坂"）：除了写小说，我一般不接受采访，所以我也挺紧张的，请多多指教。

小西：我一直从事广告文案工作，我周围有不少您的粉丝，真的很多。您知道吗？

伊坂：不知道……是这样吗？

小西：我想这是因为您写的书里有很多令人赞叹的有趣文字和创意。我喜欢《奥杜邦的祈祷》里的一节。那段话提到了夜景，描述的是没有任何光源的夜景，您用了"因为夜景就是夜景"的说法。我不由得感叹原来如此！正是如此！您的书里还有很多诸如此类的语言创意和角色台词，都让我觉得真了不起，全是令人倒吸一口气的级别。

伊坂：过奖了（笑）。真不好意思。

小西：今天，我想和您谈谈关于创意的话题，比如这些语言创意和小说情节是如何创作出来的？那么复杂的人际关系又是如何整理的？

伊坂：好，请多多指教。

小西：这里有一本《创意的生成》，您听说过这本书吗？作者是詹姆斯·韦伯·扬。

伊坂：没有，我没听说过这本书，但好像挺有趣的。

小西：在詹姆斯·韦伯·扬关于创意的书中，这本书属于经典的一本。其中，有一节讲道"创意不过是旧元素的新组合"。这句话让我恍然大悟，原来创意就是这样啊。

伊坂：啊，果然这样是对的吗？我就是这样做的，原来如此。

小西：果然，您也是这样啊。

伊坂：我的一切内容都是组合而成的。在《死神的精确度》里，主人公在唱片店试听音乐，就是在探索两种事物之间的组合，从中诞生灵感。不过，原来是这样啊，大家都会做组合。

小西：好像是这样的。其实我也在用组合的方法思考创意。两种不可思议的事物的组合。在这种意义上来说，我和您同样是在组合中寻找灵感。我会用笔记做组合，那么您是如何做组合的呢？

伊坂：我基本上不会做笔记。不过我会随身带着笔记本。

小西：不做笔记，却会随身带着笔记本啊。

伊坂：我的笔记是用来总结创意的。

先记下脑海中浮现的画面

伊坂：经常有读者评价我的小说"角色塑造得好"，其实我写小说并不是从设定角色开始的。写小说的时候，我对塑造角色没兴趣。

小西：真没想到，原来是这样啊。

伊坂：虽然在大家夸我笔下的角色很有魅力时，我会很高兴，但其实我并没有刻意去塑造人物，小说的构思本身不是从角色开始的。举个例子，有一个人物是劫匪成濑（《阳光劫匪倒转地球》），当时，我先记下了"成濑"这个名字，那个时候，完全没想过其身份什么的。有的作家会列表，为各个登场人物写小传，但我不会。刚开始写书时，我对这些完全没有兴趣。我认为重要的是情节和结构，所以我不会从登场人物入手创作故事。

小西：您会从什么地方开始入手呢？

伊坂：其实……应该是场景、人物关系图，不过，也不是人物关系图，该怎么说好呢……（开始画下页图中的笔记）

小西：这个好厉害。

伊坂：不，一点都不厉害。总觉得有些不好意思……比如这次我近期在创作的"杀手系列"。马上就要截稿了，情况很不妙。这种情况下，我会从书名开始写。因为这次的书名已经决定

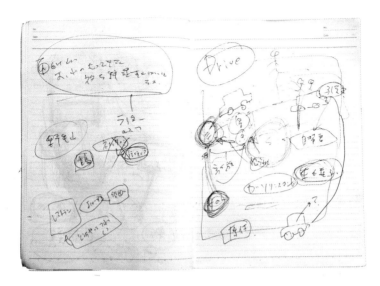

是《兜风》，所以我会根据书名，然后思考后面要写一个什么样的故事。

小西：是什么样的故事呢？

伊坂：从标题来看，会是一个在车里的公路电影吧，可能是杀手的家庭旅行。我已经决定要写一家人出门兜风了。然后有几个人和这辆车产生了关系。于是，敌人出现了……就是这种感觉。主人公是三宅，车上还有他的妻子和孩子……人物关系就是这样联系起来的。

小西：在脑海里做笔记吗？

伊坂：对，就是这个意思，在脑海里把想写的内容全部写一遍。于是，两名杀手，比如让他们带着孩子就挺不错。啊，不用带孩子也可以吧？那就在这里打个"？"。

小西：果然也要使用记号啊。这样就完成了吗？

伊坂：登场人物成了某件事的目击者，没办法只能带上他一起。我就是这样把自己想写的内容总结起来的。虽然是一边记笔记一边说，这里还需要另一个人物，一个和故事有关的人。这位杀手一定没有告诉过他的家人，自己是杀手的事情。所以家里人觉得只是普通的家庭旅行。而且这名杀手还很怕妻子，为了不让妻子发现，要将这次出行伪装成普通的兜风。

小西：那位目击者也是杀手啊。

伊坂：三宅一定说过在家庭旅行时不想工作，所以为了让他好好工作，需要有一个人跟着，是女人吧。她也是杀手，负责监视三宅。可是妻子会觉得不自然，怀疑丈夫出轨，于是和他吵架……

小西：啊……想法逐渐整合在一起了。

伊坂：如果只是这样，会变得特别混乱，所以我会继续整理，比如"这个人和这个人大概是一伙的吧"，或者"这个人不需要吧"之类的。

做笔记能厘清想写的场景

小西：这是您写书时要做的第一件事吗？

伊坂：刚开始想象时，会在脑海里想。然后，我一边和编辑聊天，一边做笔记。故事没有卡住，所以这样就挺好的吧。然后比如说，既然要开车，就要用到加油站什么的。然后就会觉得如果旁边停着别的车，杀手差不多能击中吧？于是就会冒出想要写出这样的场景的感觉。想些的场景会纷纷在脑海中浮现。在写之前，我会一边思考如何将一个个场景连在一起一边做笔记。有一个叫这个名字的人，这里有一名拳击手，这里应该是这样的，我会用笔记来厘清思路。这是我一直在做的事。

小西：为了创作要厘清思路吧。我也很重视这一点，会用笔记整理思路，找到激发灵感的契机。整理思路是激发灵感的基石。

伊坂：写故事的时候，我一开始会思考以哪个场景开头，这时，笔记就能起到作用了。它可以帮助我进行想象，可以先从这里写起，或者从那里写起。

小西：原来如此，笔记可以帮助灵感涌现啊。要在脑海里切实过一遍，让灵感落地，或者说是打草稿吧。

伊坂：没错。我的脑海中不是文字，而是图画，整体大致连在一起的感觉。和大纲不同，是灵感的草稿。比如这个人也许骑摩托车更好，车子一定是去偷来的吧。我也说不清楚，总之，就是在写的时候想象将来一定要写出来的场景吧。

小西：这是一种仪式感吗？

伊坂：比起仪式感，应该说是更现实的东西，如果没有最初的想象，就没办法动笔。我必须在脑海里先写一次。脑海里的内容会慢慢消失，所以刚才提到的加油站，并排停靠的车，偷来的摩托车，车上神秘的女人……我会把想写的内容记下来。

小西：会不断在笔记上留下想写的内容。

伊坂：对，想写的情景、要素之类的。总之，我会记下想写的内容，然后把它们连在一起。我想写孩子逃走，向别的车求助，但是车子不够了，那就加入另一辆车吧。

小西：在记录的时候创作故事啊。

伊坂：没错。那么，这里加入一辆小型摩托也挺有意思。骑小型摩托的是奇怪的普通人，还是杀手呢？两种都挺有趣的。不过，对了，好奇心旺盛的胖子……

小西：碍事的家伙！

伊坂：没错！不过如果那个人在故事中出乎意料的活跃，倒也挺有趣。那么让他在什么地方牵扯进来呢？如果一开始不出现……小说还是要从三宅家开始吧……我一直在写这种算不上大纲的东西。

小西：然后就开始动笔了吗？

伊坂：不，也有写不出来的时候。现在概念还很模糊，有时候在写更具体的细节时会遇到麻烦。主人公如何逃脱，这里发生什么样的事情会有趣之类的。出现这些问题的时候，我会继续一边和编辑聊天，一边做笔记。

小西：和刚开始思考结构时一样记下灵感吗？

伊坂：是的。不过，有时候到了最后也想不出场景。不过写下来总不会有损失，可能会成为其他故事的灵感。

小西：成为要素吗？您刚才说会记下不得不写的内容，以及想要写出的场景，可是这些细节既不是大纲，也不是场景吧。

伊坂：没错，是要素，我想写的要素。没用的要素也有特别多，有时候虽然没用但还是想写下来。比如写《疾风号》那本新干线的故事时，我就想用火车车厢里电光显示器上的信息……可是情节里并不需要，或者说那样的场景基本上用不到。所以先去掉这项要素写了一遍，结果，我还是想放进去（笑）。

小西：放进去了啊。

伊坂：对。第一份笔记上就写着"电光显示器"。我又看了一遍笔记，虽然作品已经完成了，但我还是应把它塞进去了（笑）。

一边做笔记，一边散步，能激活大脑

小西：那么，什么样的时候会有灵感闪现呢？

伊坂：嗯，九成的灵感都是散步时联系起来的。一边听音乐，一边散步时，会有场景在我眼前闪过，让我感觉就是这个。于是我问一位教授："我感觉走路和大脑活性有关对吗？"结果教授说："不，没关系。"

小西：我还觉得关系挺大的呢。

伊坂：只是我又详细问了一下，教授说似乎是因为无法测定，所以没有结论。不过教授对我说："对你来说重要的，是在记笔记的基础上散步吧。"于是我恍然大悟。

小西：这就是超级笔记术的效果吧。是不是活动身体、活动双手，就有集中精神的效果呢？

伊坂：我说这话好像是否定了刚才那位教授，不过我觉得活动双手对思考来说很重要啊。虽然用电脑也不错，不过我觉得做笔记还是要手写才行。可能是我的幻想吧，手写幻想。

小西：不，绝对有某种效果。

伊坂：有吧。虽然我不知道大脑是如何运作的，不过手写的时候有手写的节奏，可以配合散步的节奏涌现出灵感。

小西：比起坐着的时候，走路的时候眼前会有更多信息流过，因为看到各种各样的东西，大脑会受到刺激吧。

伊坂：是啊。我还会听音乐，我想音乐也会成为刺激。所以那时候脑海中浮现出的大多是某种组合。当然，整理思路的时候会思考一开始应该如何，是不是应该那样，不过当灵感突然闪现时，想到的就是"啊，把这个和这个组合起来试试吧"。我的所有模式都是组合啊。《金色梦乡》中的"暗杀肯尼迪与逃亡者"，也只是我想按照自己的风格组合起来，杀手和新干线，死神和复仇剧，这些都是最初想到的组合。不过这些组合是最好的对吧，不会太普通也不会太出奇。虽然不是"月亮和乌龟①"的差距，不过我很喜欢这种微妙的错位。如果说到我的个性，大概就是这种组合的感觉吧。

小西：果然距离越远，越能出现奇特的组合。一头沉迷在组合中的时候，心情就会特别好。

不确定标题就写不出故事

小西：那么标题也是组合出来的吗？

伊坂：是的。标题也是组合。比如《重力小丑》《家鸭与野鸭的投币式寄物柜》之类的。我拼命思考，为了追求某种融洽。我要是想不出标题，就写不出故事。

小西：您会一开始就起标题吗？不是在故事进行的过程中起

---

① 月亮和乌龟：形容虽然表面相似，但差距极大。——译者注

的啊。

伊坂：基本上如果不在最开始起好标题，我就没心思写故事，就连短篇也是。现在我正在创作《阳光劫匪》系列的第三本，其实我直到最近都在为标题而烦恼。标题是有规则的。《阳光劫匪倒转地球》《阳光劫匪日常与奇袭》，就像这样（笑），我本来打算给第三本起名《阳光劫匪在厄运之年复活》，但还是觉得有些不对。而且这次是系列第三本，我想用到"三"，从书名就能知道是第几本，挺不错的吧。

小西：原来如此。

伊坂：我觉得"三文之德"不错，并且当时也想不出来其他标题，没办法，只好边写边想了。有一次我灵光一闪，觉得就是

《阳光劫匪友情测试》了。如果想不出这个名字，就会变成《阳光劫匪与不值一提的歌剧》了。总之，平时要是想不出标题，我就写不出内容。

小西：有了标题，内容就更容易构思了吧？

伊坂：不，比起内容，可能是一种感情吧。当我们看到彼此不相关的事物联系在一起时，是不是会有一瞬间的欣喜？会觉得"这个好有趣""这个能行"，于是我就会对这本小说产生感情。所以我会在一开始就起名。《重力小丑》一开始也是只有标题。

小西：嗯，在构思故事之前就想好标题了吗？

伊坂：对。当时我的书几乎完全卖不出去，所以就在想该如何让读者买我的书。于是，我满脑子想的都是如果是我，会被什么标题的书吸引。《家鸭与野鸭的投币式寄物柜》也是这样，会让读者产生好奇心。想到《重力小丑》这个名字时，我还开心地喊了一声"就是它了"。

用文字书写还是用图画描绘

小西：我看了您的笔记，上面有箭头之类的特殊符号和插画草稿吧？

伊坂：我会画画。比如要写电梯上发生的情节时，我就会画一部电梯，也会画箭头。这样更容易想象出操纵电梯的场面，容易想象出现场发生的故事。

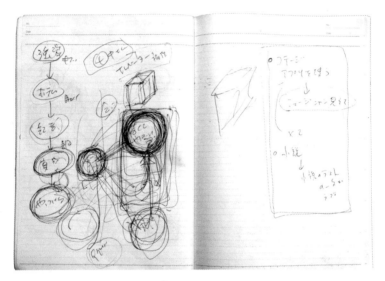

小西：确实如此。比起写上"操纵电梯"几个字，像您这样画一部电梯，然后标出"↑""↓"的记号，会更容易想象出场景。

伊坂：我做笔记不是为了记住内容，而是为了产生灵感，所以做笔记最好能激发想象力。比起用文字写出电梯，我一边说着"电梯啊"一边画画，灵感会更容易涌现。同样的道理，"○"和"△"之类的标记对我来说也非常重要。

小西：我也会用很多标记。

伊坂：为了整理创意吧。

小西：不知道为什么，比起用片假名写出的电梯，用一个盒子表示电梯的图画更容易激发想象。

伊坂：我非常喜欢推理小说家岛田庄司，他很擅长设计利用空间的诡计，应该跟他毕业于美术大学，会画画有关系吧。好像是他在哪里的采访中提到的，比起在脑海中思考，画成图更有利于构思。

小西：因为有真实感吧。比如，我们能感觉到这样不太对劲，这个行为有些奇怪之类的。

伊坂：能产生不同的灵感。有了高度、距离的概念，我们就能想到可以藏在这里，人可以进入这里之类的。

小西：原来如此。实际画成图会产生新的灵感啊。

伊坂幸太郎涉猎的领域很广

小西：您涉猎的领域很广啊，您还会挑战各种各样的事情。比如，您会与漫画合作，会创作各种类型的小说，而且都很有趣。

伊坂：我希望别人这样看我，您是第一个跟我说这种话的人。

小西：不是没有人说过，只是您不知道而已吧（笑）。

伊坂：我还跟编辑说过，可以多夸夸我呢。

小西：我也会告诉您的编辑的。感谢您今天这么抽出这么长时间接受采访。我看了很多您的笔记，非常有意义。作为您的一名粉丝，我衷心希望您以后能继续利用笔记，创作更多有趣的小说。

伊坂：谢谢。我会记下您今天的激励继续努力的。还有您写的有关笔记的书，我也会读，要是能用在写小说上就好了。

小西：我会送您的，谢谢。

结语

想逃避的时候，笔记总能拯救我

　　我常常觉得"思考好痛苦""总会有人比我能干""谁来帮帮我""好困""我没有时间""截止日期近在眼前，我却想不出好创意，达不到期待，好难受""还是做不完，我想逃避"……可是，就算在这种时候，最后依然逃不掉，必须想办法做出成果，我必须带着痛苦过每一天。专业人士就是如此，职场就是如此。

　　我想，或许这就是正在看这本书的各位读者日常工作中的烦恼。不过，我真的始终认为，是笔记拯救了我的工作。到现在为止，我有几次真的想要逃避时，都是笔记拯救了我。当我追不上工作的速度时，笔记会给我一个速度，让我能够立刻开始思考；当我突然面对必须在众人面前讲话的情况时，笔记会给我创造思考的时间和答案；在完全想不出创意时，笔记会让我与过去的创意重逢；当团队中的年轻人遇到烦恼时，笔记会给他们制造创意的力量。

　　我在前言中写道"是笔记塑造了现在的我"。这是毋庸置疑的事实。我凭借笔记提高了工作效率，并且提高了精确度。我走到现在这一步，都是靠笔记的帮助。我下定决心写这本书，是因为我看到了为完全想不到创意而苦恼的年轻人。在我自己年轻的时候，曾经被偶然看到的笔记拯救。或许偶然看到这本书的人，也能像我一样，得到拯救。所以，我毫无保留地将自己的方法全部写在了本书中。

本书不仅有做笔记的方法，还网罗了思维方式和构思创意的方法。正因为如此，我希望大家能通过阅读这本书，切实地提高工作效率。希望我的愿望能传达到各位心中。希望"未来笔记"能创造出大家的未来。

小西利行

致谢

写给创作本书时，全力给予我帮助，为我提出建议的各位：

作家伊坂幸太郎；永旺公司的坂本润；三得利公司的和田龙夫；广告公司博报堂（Kettle）的木村健太郎；艺术指导秋山具义；九十九岛大学的各位；佐世保市政府的各位；佐世保旅游协会中心的各位；宣传会议的各位；和我一起想出"告→广"概念的石川淳哉、森本千绘；布卡津藤（Bukatsudo）设计工作室参与三角笔记创意开发的各位（武田真明、平野步、小泉正仁、关川明美、山田健太郎、马场健太郎、木原纯子、大川雅生、伊藤由弥子、坂本幸太郎、川岛史）；生活杂货店"广场"的各位（饭岛广昭、小林麻衣子、大垣裕美）。

另外，我要对从上一本书开始负责设计和装帧的宫内贤治、绘制插画的加纳德博，以及在我写不出内容时，不断激励我的编辑米田宽司，致以衷心的感谢。

如果没有你们，就没有这本书，在此，我向各位致以衷心的感谢。

索引

关键词